王艳红 ◎ 编著

GUDAORUXING DE HUISHANG

贾道儒行的徽商

安徽师范大学出版社

· 芜湖 ·

U0746921

责任编辑:李 玲
装帧设计:任 彤

图书在版编目(CIP)数据

贾道儒行的徽商 / 王艳红编著. — 芜湖 :安徽师范大学出版社,2017.8
ISBN 978-7-5676-3029-1

Ⅰ.①贾… Ⅱ.①王… Ⅲ.①徽商－文化研究 Ⅳ.①F729

中国版本图书馆CIP数据核字(2017)第161566号

贾道儒行的徽商

王艳红　编著

出版发行:安徽师范大学出版社
　　　　　芜湖市九华南路189号安徽师范大学花津校区　　邮政编码:241000
网　　　址:http://www.ahnupress.com/
发 行 部:0553-3883578　5910327　5910310(传真) E-mail:asdcbsfxb@126.com
印　　　刷:虎彩印艺股份有限公司
版　　　次:2017年8月第1版
印　　　次:2017年8月第1次印刷
规　　　格:700 mm × 1000 mm　1/16
印　　　张:13
字　　　数:175千字
书　　　号:ISBN 978-7-5676-3029-1
定　　　价:35.80元

前　言

　　"贾而好儒"是徽商的显著特点。徽州有着深厚的人文历史底蕴,再加上徽州人本身聪明隽秀、重视教育(有"十户之村,不废诵读"之说,一派书香社会的景象),徽州人可以说普遍具有一种解不开的文化情结,徽商家庭更为突出。"仓廪实而知礼节,衣食足而知荣辱",经商致富后的徽商自然要追求自己的精神文化生活,而且一般都有一定的文化根柢。经商之余,他们有的借书书怀,有的吟诗作文,有的浸淫音律,有的以画绘意,雅然情趣,乐不可言。在徽商大贾中能诗善文的人比比皆是。如以徽商最为集中的扬州为例,文人陈去病说,扬州的繁华昌盛,实际上是在徽商的推动下出现的,扬州可谓是徽商的殖民地。……而以徽州人为主的扬州学派,也因此得以兴盛。陈氏所言很鲜明地说明了扬州学派与扬州徽商之间的关系:徽商在促进扬州商业发达的同时,同样也参与和促进了扬州学术文化的发展,从而取得了物质财富和精神财富的双丰收。不仅扬州如此,其他徽商聚集的地区亦大体如此。

　　明代苏州有一位大文豪叫归有光,他称赞徽商程白庵及其子弟喜好读书,谓其"士而商""商而士"。一个商人受到一代文豪的如此赞誉,着实不简单。按明清时期文人士大夫交游的风习,他们聚会交游,一般有诗酒唱和、论书议画的时尚。若没有深厚的文化艺术功底,不要说赢得他们的青睐,就是立足于他们之间,也难免会成为嘲笑的对象。

翻开徽州的方志及相关文献,类似程白庵这样"贾而好儒"的徽商举不胜举。徽商"儒术"与"贾事"的会通,充分表明了经济与文化的互动关系。也正是因为徽商意识到文化素质同商业经营有很密切的关系,所以他们注意吸收文学、艺术、地理、舆图、交通、气象、物产、会计、民俗、历史等方面的知识,这又推动了他们对文化领域的投入。同时,徽商商业实践又衍生出独特的商业文化,这种商业文化随着徽商的经营活动而流播四方,在一定程度上促进了明清实学的发展,从而丰富了传统文化的内容。另外,徽商文化人作为商人流寓四方,把他们自身的文化传播到各地,同时又吸收各地的文化营养,一定程度上促进了各地文化的交流与融合。

"好儒"培育了徽商的文化自觉,给徽商带来了至少三方面的影响:一是提高了徽商的文化素养和文化品位,为其与官僚士大夫的交往奠定了文化基础,也为其商业经营带来了诸多便利;二是使徽商善于从历史中汲取丰富的商业经验、智慧,促进自身商业的发展;三是增强了经商的理性认识,即他们能够以"儒道经商",从而形成良好的商业道德。徽商正是凭着他们特有的"徽商精神",从而能够从无到有,从小到大,乃至发展为雄视天下的大商帮。这种精神植根于中国传统文化的土壤之中,又被徽商进一步发扬光大。

本书坚持以社会主义核心价值观为引领,坚持创造性转化、创新性发展,深入挖掘和弘扬传统徽商优秀文化精神,汲取传统徽商智慧,传播传统徽商文化价值,围绕文化自觉、爱国爱民、创业创新、急公好义、诚信经营、积德行善、重教兴学、孝义持家、商业文化等主题,对传统徽商的"贾道儒行"进行解读,力求通俗易懂,部分内容以故事形式呈现,以便增强趣味性,以飨读者。在本书撰写过程中,笔者吸收了目前学术界的相关研究成果,未能于文中全部一一注明,谨此致谢。书中图片大部分为笔者拍摄照片后做适当处理的作品或铅笔手绘作品,少量图片来源于网络,因无从查考原创者,故其出处未予注明,在此我们也深表感谢。安徽师范大学秦宗财、杨礼玉、田超、刘力等同志参与本书部分内容的撰写,安徽师范大学文学院李定乾先生审润文字,在此对上述诸位的辛苦付出表示感谢。由于时间仓促,水平有限,本书难免存在一些疏漏和错误,欢迎读者批评指正。

作 者

2017年2月

目　录

徽商好儒的文化精神

　　徽州有着深厚的人文历史底蕴,再加上徽州人本身聪明隽秀、重视教育(有"十户之村,不废诵读"之说,一派书香社会的景象),徽州人可以说普遍具有一种解不开的文化情结,徽商家庭更为突出。"仓廪实而知礼节,衣食足而知荣辱",经商致富后的徽商自然要追求自己的精神文化生活,而且一般都有一定的文化根柢。经商之余,徽商有的借书书怀,有的吟诗作文,有的浸淫音律,有的以画绘意,雅然情趣,乐不可言。在徽商大贾中能诗善文的人比比皆是。如以徽商最为集中的扬州为例,文人陈去病说,扬州的繁华昌盛,实际上是在徽商的推动下出现的,扬州可谓是徽商的殖民地。……而以徽州人为主的扬州学派,也因此得以兴盛。陈氏所说很鲜明地说明了扬州学派与扬州徽商之间的关系:徽商在促进扬州商业发达的同时,同样也参与和促进了扬州学术文化的发展,从而取得了物质财富和精神财富的双丰收。不仅扬州如此,其他徽商聚集的地区亦大体如此。这里以在苏州经商的徽商程白庵为例来进一步说明此情况。

　　程氏是徽州大族,自从他们的祖先晋朝太守梁忠壮公迁徙徽州以来,世代子孙繁衍,散居在歙县、黟县、休宁等地。程氏家族深谙经营之道，如盐业、竹木、珠玑、犀象、玳瑁、果浆、棉布以至于挑担贩卖浆脂，总之根据市场需求，他们无所不经营；天下都市繁华所在，无处没有他们的身影。商场上叱咤风云的领袖人物以程白庵为代表。程白庵幼年时在父母督促下读过书，因而他深通为儒之道。后来他随着族人来到苏州经商。经过几十年的商场磨炼，他日益成熟，言谈之处俨然成为当地商人领袖。然而，他的领袖风范不仅在于他商场上的成功，更吸引人的在于他的为儒之道或者说是他所追求的文化精神。在苏州经商，无论是工商百姓，还是官僚士大夫，他无所不交。因为他举止言谈有儒者风范，所以苏州的士大夫们也都非常喜欢和他交游。苏州都太仆喜爱他为人淳朴，所以为他的住所题词为"白庵"，他也因此被人亲切地称为"白庵翁"。

那么程白庵是怎样追求他的文化生活的呢？在商场经营中他又是如何展示他的为儒之道的呢？当时苏州有一位大文豪叫归有光，与程白庵的交情非同一般。在程白庵八十大寿之时，程白庵请归有光为之作寿序。归有光欣然为序，其中一段大意是说："程氏子孙散居徽州休宁、黟县、歙县之间，户口繁衍达到几千家。在这个大家族之间，他们喜好读书，常常以诗书酬答往来。如此来看，出生于这样重视诗书礼仪的大家族，程白庵不就是'士而商'吗？然而先生虽然经商，但他言谈举止谨慎小心，为人处世好义乐善，而且喜欢以诗文歌赋与文人士大夫交际，这难道不是通常所说的'商而士'吗？"一个普通商人受到一代文豪的如此赞誉，着实不简单。由此可见，程白庵在商场成功的同时，在文化方面亦有不同凡响的建树。按明清时期文人士大夫交游的风习，他们聚会交游，一般有诗酒唱和、论书议画的时尚。若没有深厚的文化艺术功底，不要说赢得他们的青睐，就是立足于他们之间，也难免会成为嘲笑的对象。

翻开徽州的方志及相关文献，类似程白庵这样"贾而好儒"的徽商不胜枚举。徽商"儒术"与"贾事"的会通,充分表明了经济与文化的互动关系。也正是因为徽商意识到文化素质同商业经营有很密切的关系,所以他们注意吸收文学、艺术、地理、舆图、交通、气象、物产、会计、民俗、历史等方面的知识,这又推动了他们对文学艺术、人文历史等领域的投入。同时,徽商商业实践又衍生出独特的商业文化,这种商业文化随着徽商的经营活动而流播四方,在一定程度上促进了明清实学的发展,从而丰富了传统文化的内容。另外,徽商文化人作为商人流寓四方,把他们自身的文化传播到各地,同时又吸收各地的文化营养,一定程度上促进了各地文化的交流与融合。

明清时期徽商称雄商界三百余年,影响远及海外,创造了商界神话。作为一种创业精神——"徽商精神",它值得我们去探究、学习和借鉴。结合学术界专家学者的研究,我们将"徽商精神"的内涵归纳为如下七个方面:

其一,卫国安民的爱国精神。从早期徽商不辞劳苦,运粮输边,到明中后叶徽商积极参与抵抗倭寇侵略的斗争,乃至近代徽商为了抵御外国入侵,踊跃捐资捐物,处处、时时体现了他们的爱国精神。因为他们深知,没有国家的安定与统一,就不会有个人事业的兴旺与发达。"国家兴亡,匹夫有责",这是我国历史上商人的爱国主义传统。

其二,百折不挠的进取精神。穷困的生存环境迫使徽商走出家门,他们一般以小本起家,闯荡商海。商海浪涛汹涌,凶险异常,一不小心就会"搁浅"甚至"沉没"。然而徽商的可贵之处在于,他们受到挫折之后,并非一蹶不振,从此便销声匿迹,而是义无反顾、百折不挠,不成功决不罢休。许多徽州大商人都经历了无数次失败,最后终于成功走上致富的道路。

其三,度势趋时的竞争精神。市场风云变幻莫测,活跃于市场的徽商必须时时细心观测市场,观察市场导向,分析市场行情,审时度势,根据市场商品种类的盈虚和供求情况对目标市场细分,进而选择所经销的商品,还要根据经营时间、地点随供求关系的变化而灵活机变。他们在五大行业(盐、粮食、木材、茶、典业)无不是根据市场行情的变化而随机经营。正是由于他们能够随时观察市场,根据市场变化审时度势,因此面对同行的竞争时,他们能够走在同行的前面,出奇制胜。

其四,以众帮众的和谐精神。徽商的和谐精神不仅表现在家族中,而且表现在一个个商业团体中。即便在整个徽州商帮内部,他们也能做到同舟共济、以众帮众,像遍布各地的徽州会馆、同业公所的建立,就突出体现了这种精神,从而大大强化了徽州商帮内部的凝聚力,提高了市场竞争力。

其五,"惠而不费"的勤俭精神。大多数徽商是从小本起家,不畏艰难,克服了种种不利因素,经过了一番奋斗拼搏,最后才建立了自己的基业,成为富商大贾。"致富思源",他们大多数人特别珍惜得来不易的财富。因此,他们虽然已经富有,但日常生活仍旧保持起家时的艰苦朴素作风。不仅如此,他们还以艰苦朴素的勤俭精神教育子孙。

其六,以义制利的奉献精神。这突出表现在大量徽商发财致富后,以种种"义行""义举"来奉献社会。徽商由于"贾而好儒",因而绝大多数人在经商活动中比较重视人文精神,讲求理性追求。虽然他们已经发财致富,但他们依然自奉俭约,克勤克俭。不过一旦当他们面对国难民困或旱荒水灾时,他们却又会慷慨解囊,将财富奉献给社会。从他们身上我们可以看到,中华民族传统美德得到了高度发扬。

其七,读书好儒的文化精神。"贾而好儒"是徽商的显著特点,

"好儒"培育了徽商的文化自觉,给徽商带来了至少三方面的影响:一是提高了徽商的文化素养和文化品位,为其与官僚士大夫的交往奠定了文化基础,也为其商业经营带来了诸多便利;二是使得徽商善于从历史中汲取丰富的商业经验、智慧,促进自身商业的发展;三是增强了经商的理性认识,即他们能够以"儒道经商",从而形成良好的商业道德。

徽商正是凭着他们特有的"徽商精神",从而能够从无到有,从小到大,乃至发展为雄视天下的大商帮。这种精神植根于中国传统文化的土壤之中,又被徽商进一步发扬光大。"徽骆驼"和"绩溪牛"所造就的"徽商精神",不仅是徽商的巨大财富,更是徽商留给后人的宝贵遗产。

盐商黄至筠的丛书楼

好儒与徽商文化自觉

徽商"贾而好儒"的特色正是其文化自觉的表现。在"好儒"的驱动下,他们积极参与或投资文化事业。

徽州文化生态培育了徽商的文化自觉。首先,徽州深受宋明儒学的影响,长期以来,形成了重儒兴学的文化传统,这使生于斯长于斯的徽商自小便受儒家文化的熏陶。宋明儒学的处世观、文化观是徽商经营处世和文化教育的理论来源。徽商的文化素养也得到了世人公认。其次,徽商好儒,他们自觉地投入到各种文化活动中去。图书是他们的酷好之一,无论是读书还是刻书,都是他们文化生活中的重要部分。黄宾虹说:"歙县自宋、元、明迄咸同之乱……藏书籍字画古今名迹,胜于江浙诸省,风俗以经商各省通邑,士人寄籍,恒多与通人博士交游,文艺亦有根柢。"(《黄宾虹论画录》,浙江美术学院出版社1993年版)"儒"的追求,培育了他们的文化自觉。

徽刻兴盛助推了徽商好儒之风。徽刻版本以高质量的印制特色闻名于世,向来为藏书家所推崇,隆庆、万历时图书品论家胡应麟评论各地刻本质量云:"近湖刻、歙刻骤精,遂与苏常争价。"因而徽刻版本也是藏书家收藏的重要对象,徽商图书收藏家也不例外。徽刻的兴盛无疑助长了徽商藏书的风气,同时也促进了徽商创作文本,并刊刻传世。明清时期徽商留下了众多文本作品(李斗《扬州画舫录》、许承尧《歙事闲谭》中都介绍了大量的徽商著述),这与徽刻的兴盛有着非常密切的关系。

商业书的传播加强了徽商商业文化的传承。商业书是明清时期文献著述大花园中的一朵奇葩,也是传统图书中出现的新品种,更是商业繁荣的一个重要表征。明清时期徽商为商业书的出版作出了突出贡献,他们在经商之余,纷纷从事商业书的著述和出版活动。徽州坊刻刊刻有不少商业文化教育的启蒙读物,如《为商十要》《生意蒙训俚语十则》《买卖机关》《便蒙习论》《日平常》等。在《生意蒙训俚语十则》这本书中,徽商总结了十条营商的要领,内容包括勤谨、诚实、和谦、忍耐、通变、俭朴、知义礼、有主宰、重身惜命和不忘本。"而徽州民间辗转传抄的一些启蒙读物,在徽州人的孩提时代,即向他们灌输了诸多商业知识和商业道德,因此,从某种意义上来看,可以视作初级的商人书、商业书,理应引起我们的注意。"(王振忠《徽州人编纂的一部商业启蒙书——〈日平常〉抄本》)商业书作为启蒙教材,无疑对徽商整体及其可持续发展有着极其重要的意义。

徽州重教兴学之风培育了徽商及其子弟的文化自觉,一些徽商致富后能够清醒地认识到文化传承的重要意义。如徽商后人郑庆祐编刻《扬州休园志》,岳团升在该书《序》中说明郑庆祐编刻休园志的首要目的在于将先人的功绩记载下来,以供后人瞻仰、警醒。岳团升进而对商人的两种传承状况作比较,一种是致富后追求享乐型,"当明承平日久,故家大族多占地为园亭,以自娱乐……不数年亦复声渐影灭,莫可踪迹",即穷奢极侈,富贵必不长久;一种是立言于世,嘉惠士林,"何尝不著为故事,传美艺林",即著述立传,其意义则更加深远。郑庆祐显然属于后者。岳团升在《序》中将郑庆祐与其他富商子弟的生活旨趣做了对比,显然郑庆祐秉承了父辈创业守家的精神,并有较强的文化自觉,故能继承先业,以启后人。

明清时期徽州多宗族大姓,地缘、血缘关系浓厚,为强化宗族教育,乡族刻书、刻谱风气长盛不衰,宗族文化在宗族内部的传播效果达到最大化,姓氏族谱,乡邦名士的文集、作品等成为宗族认同的重要标志之一。尤其是宗族谱牒,明清时期徽州人尊奉朱子理学,朱子治家思想在徽州宗族谱牒中俯拾皆是,朱子理学与宗族家法族规紧密结合,对徽州宗族的维系与稳定起到了极其重要的作用。

朱子理学通过谱牒等途径在徽州得以广泛传播,徽州宗族家法族规与朱子理学紧密结合,两者相辅相成,相互推进:一方面实现了对宗族的有效治理,对族人有具体明确的规范,对某些行为(如闲游、迷信、赌博、奸淫、破坏林木)有严厉的限制;另一方面也巩固和深化了朱子理学在徽州的地位。朱子理学在徽州的影响力实际上介于学术和宗教之间。乡土文化、宗族教化、宗人学术思想在宗族内部得到代代传承,形成了宗族的文化自觉。这种宗族的文化自觉对人际和谐、乡村治理、社会稳定都起到重要的作用。

徽商好儒,其实质是一种文化自觉。今天看来,这种文化自觉是一把双刃剑:一方面,儒家的经世智慧促进了徽商的成长;另一方面,儒家伦理规范又引导着徽商向传统社会秩序回归。在传统儒家文化理论的指导下,大部分徽商在其成熟期之后,"自觉"陷于传统儒家伦理的窠臼,无法逾越传统一步,自觉遵守"三纲五常"的封建传统秩序,思想趋向保守。尤其近代以后,中国社会开始转型,西方文化也传入中国,这是几千年未有之大变局,中国人的思想观念、文化观念也发生了巨变。在这种新形势下,徽商未能接受新的文化,仍然固守传统的儒家文化,对形势认识不清,未能把握大好机遇,在经营体制、经营机制、经营方向等方面不能主动改革调整,最终在新的历史形势下逐步走向衰落。

经济与文化密不可分,文化自觉是商人应有的品格,文化自觉是对进步文化的一种认识和感悟。有了文化自觉尤其是富有创新意识的文化自觉,就具有了理性,就有了文化竞争力,企业就能顺利发展。在社会转型期,商人如果缺失文化自觉,就会认不清形势,把握不住机遇,不能与时俱进,最终必然落伍。徽商、晋商这两个明清时期最大商帮衰落的沉痛教训,值得我们认真汲取。

文化自觉是商人乃至社会可持续发展的推动力,而文化迷失则是商人乃至社会走向衰败的内在根源。历史告诉我们,促进我国经济社会可持续发展的根本途径在于培育广大从业者富有创新意识的文化自觉。

清代徽州私塾耕读堂(彩陶,芜湖徽商博物馆陈列品)

筑城抗倭的徽商阮弼

  阮弼,字良臣,号长公,出生于歙县岩寺一个破落地主的家庭。他的家庭之所以破落,是因为他的父亲具有"儒侠"精神,"孳孳务振人急",凡是乡里谁家遇到了困难,或是贫困之家,都选择向他家借钱或要他家作担保借贷。但是善举不一定都能得到回报,很多借债人有借无还,导致阮家逐渐走向拮据并逐渐没落,最终还落了个"其仁足愚"的名声。

  阮弼自幼入学,智商极高,也很勤奋,"日记数千言",与他同师、后来中第担任户部尚书的鲍某曾惴惴不安地自叹不如。但家道的破败使阮家难以支付阮弼入学的费用,最终阮弼不得不含泪辍学,转而学医。但是学医也并非易事,由于学医和出诊坐堂所需费用阮家承担不起,穷途末路下,阮弼向父亲要了一笔钱,决定"贾于四方"。他第一站便来到了芜湖。

  阮弼来到芜湖并非偶然,而是他几经思考的结果。一是他发现芜湖为"襟带一都会也,舟车辐辏,是以得万货之情",不仅交通发达,而且商情灵通;二是芜湖的赫蹄(即染色纸)行业还没有人从事。阮弼对牙商(专门提供各种商业信息的人,类似于如今的市场中介)说:"此吾业也,请职赫蹄。"于是,凭借着极高的商业天赋,阮弼聚集起一批贩运商，筹集了一大笔货款，将芜湖染色纸载到南京再转运全国，"利且数倍"。

阮弼不光拥有杰出的经商才能，年幼时受父亲的熏陶，在他的身上，还有着可贵的"儒侠"精神。所谓"儒侠"精神，就是热心于公益和慈善事业，乐善好施，仗义疏财，仗义护国，具有"富而好行其德""富而不忘桑梓"的侠义精神。与他的父亲一样，阮弼也是侠骨柔肠。事业发达之后，他把父母和两个弟弟接到芜湖定居，不仅为两个弟弟操办了婚事，而且主动把自己的家产分给他们。

父母和弟弟不肯接受阮弼的财产。阮弼对他们说："当初离家时我就说过，等有了出头之日，一定要报答父母的养育之恩，也会承担起照顾弟弟的责任，今日我绝不能食言。"不光是自己的至亲，但凡从家乡前来芜湖的宗族亲戚和邻居朋友，阮弼都诚心诚意地接待资助。每逢遇到饥荒，阮弼还会设立粥棚，布施粮食给饥饿贫困的人。他还收养了很多孤儿，为他们建起了属于他们自己的家。

明嘉靖三十四年(1555)，一股倭寇从浙江杀入徽州，又从徽州北上迫近芜湖。芜湖没有城池，守城的人们没有丝毫办法，官兵们争相逃窜。就在这时，年已54岁的阮弼站了出来，以他崇高的声望，号召了数千名年轻力壮的人组成了保乡团。

保乡团成立之际，阮弼率领众人杀猪宰牛誓师："倭寇猛如虎吗？虎若来，我们集中力量就可以活捉它，或者用万箭射杀它。这股倭寇虽然嚣张，但长途跋涉，士气已快穷尽了，我们借机一定能将其剁成肉酱以谢天子。"凶悍的倭寇看到没有城池的芜湖商民如此众志成城，只好连夜逃走了。事后，地方政府表彰抗击倭寇的人，首推阮弼。朝廷颁敕功勋礼服让他穿上，阮弼竭力推辞道："我是个商人，何敢以此钓奇？"

明代芜湖至南陵有数十里道路危险且泥泞，不仅不方便行人通行,更不利于交通运输。倭寇从芜湖城边逃窜后,直逼南陵。上峰令芜湖县丞陈一道率兵赴南陵"防剿"。艰险而又多泥沼的道路,让陈一道等人吃尽了苦头,等赶到南陵时,官兵们已经人困马乏。以逸待劳的倭寇很轻易就击溃了官兵们,官兵们纷纷四散奔逃。唯有陈一道和另一个士兵鼓勇直前,杀向敌军中。结果,这位县丞和士兵壮烈牺牲了。事平之后,官府想修路但无钱,阮弼再次挺身而出,捐出重金,并倡议芜湖的商人们解囊相助。从此,一条以砖石铺砌的平整大道将芜湖和南陵连接起来。

　　明万历二年(1574),在继上次劫走芜湖县衙金库七千缗铜钱后,盗贼又劫走五千八百缗铜钱。事发之后,芜湖官民恢复芜湖城垣的强烈要求终于被朝廷批准。但筑城之费从哪里来?上峰找到阮弼,请他号召众人捐款以解决费用问题。这位年过古稀的老人,为了芜湖全城的安危,带头捐出重金筑城,并不顾自己年迈,奔走呼吁全城捐款。城内的商民和四乡的绅民被他的精神所感动,纷纷响应。不到三个月,经费全由芜湖百姓捐助的城墙就砌筑起来了。

　　城墙建好了,但芜湖的四座两层城门楼和三座便门仍需两百两黄金。官府不好意思再不出钱,但因财力有限,只能出一半钱,其余的由芜湖士农工商凑齐。阮弼又捐出巨款,独自兴筑了芜湖西门城楼。1581年,芜湖城垣如期完工,新的城垣完整而又坚固,被朝廷誉为"百城之冠"。朝廷又颁敕功勋礼服赐予阮弼。这位耄耋老人又像往常一样竭力推辞。新城建好后,芜湖再也没有受到倭寇和盗贼的骚扰,获得了良好的社会发展环境,人们安居乐业。

　　为了表彰阮弼筑城抗倭的功绩,人们想出了三个能让他接受的办法。一是赐级。明朝有成规,民间凡年满八十岁的老人,朝廷下诏赐爵一级。阮弼时年七十九岁,朝廷对他放宽年限,予以赐级,并将他名列榜首,以示恩重。对此,阮弼坦然接受。二是朝廷将芜湖西门城楼命名为"弼赋门",以示表彰。三是阮弼的同乡汪道昆为阮弼作了一篇《明赐级阮长公传》(收在《太函集》第三十五卷中),了却了老人的夙愿。阮弼在被赐级后,告诫其侄子阮汝鸣和侄孙阮国政,要把染色事业继承下去并发扬光大。阮汝鸣和阮国政后来向在芜湖监督筑城的汪道昆说了老人的一番心声。阮弼为国为民的情怀和谦逊的精神感动了汪道昆,所以汪道昆把阮弼的事迹整理出来,写下了阮长公传记。

阮弼的后人没有辜负他的期望,在其精神的指引下,不断开拓创新,把芜湖浆染业做大做强。对此,阮弼功不可没。

芜湖古城弼赋门

开发屯溪首商程维宗

徽州休宁县新安程氏族人程维宗，于元朝至顺三年（1332）出生在一个商人家庭。其父亲名程观保，自号静翁，早年习武，年轻时即出外经商，后经薛城（今山东滕县）县宰唐子华的举荐当了一名捕事（即辅佐县令、专司刑讯的小官）。

元代至正年间，政权腐败黑暗，官府横征暴敛，人们纷纷参加红巾军武装起义，遭到统治者的残酷镇压。薛城是红巾军的活动地区之一，有一次当地官府抓了三百余名红巾军和无辜百姓，打算全部杀了。程观保不忍杀害他们，于是将他们尽数放走，自己寻思再三，即离开薛城回到故乡过隐居生活。

1357年，朱元璋的部下攻克了徽州，其部一位名叫王诚斋的人敬慕程观保的为人，两人结为至交。王诚斋将一批资财托付给程观保保管。他与程观保的这段交情，对程家后来成功经商起到了很大的作用。

程维宗少怀大志，苦读诗书，十九岁时奔赴杭州参加举人考试，以求为官。然而他没有考中，他又愧又恨，决心奋发努力，以求如愿，就不惜重金，投师求教，先后拜歙县、休宁县名儒郑师山、赵东山为师。可是时不我待，当时政局急剧变革，他无法参加科举考试，遂而丢掉读书做官的念头,改行从事商业贸易,做起贩运生意来。

徽商绝大多数是小本起家,他们穷则思变、奋发进取,毅然走出深山,闯荡四海,可谓岭南塞北,饱谙寒暑之苦;吴越荆襄,频历风波之险。这种创业精神实在可贵。当事业出现曲折时,不少人一蹶不振,从此销声匿迹,而徽商却百折不挠。徽之俗,"一贾不利再贾,再贾不利三贾,三贾不利犹未厌焉"。

徽商善于趋利逐时,即根据市场特点,采取最好的经营方式;也善观时变,即在把握市场信息的基础上,调整自己的经营项目;还能揣度时宜,即根据各地不同的经济发展情况,因地制宜,做出种种决策,往往能够出奇制胜。

程维宗善于审时度势,是一个很有经济头脑的人。为了多获利,他从事长途贩运买卖,把当地生产的茶叶、药材、纸张运出去,再将粮食、布匹、食盐等货物运进来。大宗货物的堆放需要仓库。程维宗发现附近率水、横江交汇处江面宽阔,地势平坦,船舶上行可通休宁、黟县等,下行可经淳安、严州直达杭州,交通便利,是货物周转的好地方。于是,明代洪武年间(约1380)程维宗在屯溪投资建造栈房,作为分类存放货物之所。果然,此后货物流转十分便利。由于他善于谋划,拾缺补遗,往往投一小本,却能获得十倍的大利润,不久就家业大兴。

徽商不辞劳苦、虽富犹朴的勤俭风尚是出了名的。值得指出的是,徽商能节俭,徽商妇更能节俭。康熙《徽州府志》就记述她们"居乡数月,不沾鱼肉,日挫针治缝纫绽……徽俗能蓄积,不至厄漏者,盖亦由内德矣"。孙淑瑾持家勤劳,奉上恭正慎重,抚下贤惠热情,有过人的知识。程维宗把一切家政交给她,常年奔波于外,全心全意经商。

有一年,他的旧居毁于天火,程维宗感到那里风水不好,遂而在西溪南谋划江家的宅基,欲重建新居。休宁县县令杜引喻得知此事后,立即劝告道:"先生是休宁县人,要建新居切切不可离开故里本土,我劝你还是在旧宅上重建吧!先生心好,自然会一切平安。"程维宗被其感动,回答道:"我遵从大人建议,在故里重建。"于是他投资兴建新居。程维宗重盖的住宅既宽敞又壮观,然而却没有馆阁,更无水池、凉亭等游乐设施。可是,他用来储藏粮食的仓库、收藏日常家具的库房,无所不备,一切实实在在。徽州商人血脉里代代传承着扎根故土的赤子之心,他们热爱自己的家乡,对这一方秀美山川早已产生了割舍不断的情怀。

随着财富的积累,他先后在歙县、休宁县购买田产四千余亩,出租给三百七十多家无田可种的农民耕种。为了发展屯溪的商业,繁荣市面,同时也为了方便来往的商人,程维宗在屯溪造店房,以囤居商贾之货物。他又在屯溪东部草市故居处建阁五间,题名"思本",阁之前造铺房楼楹,招人开张贸易;铺房之前,建亭五间,供来往行人休息,夏天还免费供应茶水。

程维宗是个有心人,他在屯溪附近先后设立了"知报庄""宅积庄""高远庄""嘉礼庄"和"尚义庄",统称"五庄"。各庄管理都有一套严格的制度,分别承担不同的任务:在阳湖建"知报庄",以备军役之用,负责通知、报警,作为战时、险时的通讯、联络机构;"宅积庄"负责囤积各种需用物件,作为夏天、冬天和年节时使用;在临溪建"高远庄",储藏各种田赋,专为缴纳粮税,以供国家运输所用;在威干建"嘉礼庄",以供家族内婚丧嫁娶事务办理、接待宾客之用;在杭坑建"尚义庄",储藏一切吃用之物和救荒救灾的急需物品,以备灾荒之年赈济百姓之用。各庄的计量、仓库、石碾、围墙统一,大小高低无不完备适用。

嗣后,程维宗在屯溪(今老大桥桥头北端)一带建造店房四处、店面四十七间,供商人经营之用,开发了屯溪的第一条街市,被称为"老街"。老街的西端即老大桥在桥头紧连的一段曲尺形街道,最早街上有八家商栈,称作"八家栈",这就是老街的发祥地,也是屯溪的发祥地。从此,屯溪的商业才繁荣起来。

老街西起明朝建造的横江石拱大桥——镇海桥,东止牌坊碑记,全长约一千米,街宽七米,狭窄幽深。整条街道蜿蜒伸展,首尾不能相望,街深莫测,是街衢的典型走向。老街境内宽窄不一的巷弄,纵横交错,构成鱼骨架状,交通十分方便。街上的路面由数千块清一色的褐红色大块条石铺成,人行其上,无喧无扰,空灵悠远,引发无尽遐思……

程维宗为建造街市可谓煞费苦心。屯溪街市建成后,功能齐全,繁华壮观。临街的店铺鳞次栉比、叠致有序、粉墙黛瓦。店铺一般为两层,均为砖木结构,以梁柱为骨架,尽管多为不大的单开间,但设计构思奇巧,门楣上的徽派木雕中,戏曲人物栩栩如生,民间故事委婉动人,新安山水秀美灵动。门槛和窗棂或方或圆,或棱或扁,花式丰富,形态各异。从店铺的内部结构看,有沿街开敞式和内天井式的,有前店后坊、前店后户或前店后仓的格局,有的二进二厢,有的三进三厢,四周的走廊围合着天井,寓含"四水归堂"和"肥水不外流"的敛财之意。店堂一般都较深,前店营业,内厢加工或储存货物,有的则前店后居或下店上居。临街的店面有可以灵便装卸的朱漆木板大排门,早卸晚上。房屋檐口挑出八十至一百厘米,可避雨遮阳;屋与屋之间是高高的马头墙,构成了徽派建筑群体美。店堂两槛和货架上多以字画点缀,徽商亦儒亦商的高雅情调表现得淋漓尽致。

老街有老字号店铺数十家,饮誉世界的"祁红""屯绿"多集散于屯溪,"徽墨""歙砚"更是琳琅满目,"徽州三雕"(砖雕、木雕、石雕)

产品及新安山水画、版画、碑帖、金石、盆景、根雕更是随处可见。清朝初期,老街发展到"镇长四里";清末,屯溪茶商崛起,茶号林立,街道从八家栈不断延伸,形成老街的规模,老街因此成为徽州物资的集散中心。此后街上又增设茶楼、酒肆、书场、墨庄,古趣盎然,吸引了众多游客前来观光、购物。今天,以老街为代表的屯溪街市逐渐发展成为博大精深的徽州文化的集中展示窗口,以粉墙黛瓦、马头墙和砖雕、石雕、木雕为主要特征的徽派建筑文化,以同德仁药店为代表的新安医学文化,以书画、匾额、楹联为代表的新安书画文化,以老街一楼、老徽馆为代表的徽菜文化,以歙砚徽墨为代表的文房四宝文化,以三味茶馆等为代表的徽州茶文化,以及以馆藏器物和工艺品为代表的民间器物文化,构成了独具特色的徽文化街市。

屯溪老街

由于有经商、出租田地和房地产等的收入,程维宗成了休宁县的纳税大户,每年上交大麦二百二十八石六斗四升五合九勺,大米三百五十五石六升六合五勺,并自愿分担全县最重的劳役,这些劳役折算成粮食,相当于一千三百多石。可见程维宗经商赚钱,不单是发家致富,还顾全了国家与百姓。

明初北境未安,漠北蒙古残余势力时时入犯,明政府不得不在北方沿边驻扎重兵。为解决军粮问题,政府制定开中法,号召商人输粮戍边,政府发给盐引,到内地支盐行销。这是巩固边防、保卫国土安全的一项重大政策。程维宗不图个人利益,忧虑国家患难,千里迢迢不辞劳苦,运粮输边,赴国急难,被当做徽商的楷模。明中叶的抗倭斗争中,屯溪徽商或捐资筑城,募勇抗倭;或出谋划策,领导抗倭;或弃商从戎,直接深入杀敌战场。到了近代,为了抵御外国入侵,徽商也踊跃捐资。凡此种种,无不体现出徽商的爱国精神。

洪武十八年(1385),朝廷以纳粮交税为重事,规定一个地区选出一户充任粮长,专门协助朝廷催交皇粮,征收国税。程维宗被选为粮长,带头纳粮交税,并且为百姓筹备舟车,代为运输,十分费神。纳粮交税对于平民百姓来说是一件极不情愿的事,有的贫困农家甚至交不起。因此,程维宗有时还被乡人责骂,但程维宗忍辱负重,从不计较。这些费用前后耗资三千余两白银,全由程维宗一人捐出。程维宗的老祖母看在眼里,也捐出自己的零用钱。日渐长久,乡人看在眼里,对程维宗的为人处世也大为佩服,从前对他有责怨的乡人也渐渐改变了看法。

程维宗平生之志,喜于作为。屯溪有寺庙遭遇困境,香客日渐稀少,程维宗为寺庙捐资修缮,增设香炉,邀德高望重的僧人住持,从此寺庙香火不断。程维宗尤其注重孝道,为祭祖思源,在草市故居之址建阁奉祖,被乡人称赞。屯溪周边多为山地,农田水利灌溉受地势所困,影响了农田增收,程维宗又自筹经费,在其临溪"高远庄"附近开渠二里,可引流灌田一千三百余亩,此后农田逐年增收,粮食满仓,茶园增产,一方之人皆受其利。

徽商血脉里流淌着很强的团结意识,他们同舟共济、以众帮众。洪武二十五年(1392),朝廷按例派无粮户赴京充当役夫。役夫们在京城常常思念家乡,但他们无法返乡。程维宗念之可怜,于是通过各方渠道代为转达,请求有关部门赦免他们,最终役夫们被放归还乡。

永乐年间(1403—1424),朝廷第二次攒造黄鳞册,其编纂者的费用、饮食、笔墨纸砚和灯油费用累加在一起是一笔不小的数目,程维宗关心百姓,于是一人承担,以免该费用分派到百姓头上。

程维宗平生以助人为乐,六十岁后,他感到体力不支,想减少一些社会活动,就建有"知还轩",以示养老之意。年岁渐大,仁慈之心越发强烈,程维宗更加关心百姓的疾苦。为造福百姓,他在天宁寺建造讲堂法座,在审坑寺塑造山门神,演讲神的威力,又在草市故居建造"思本阁",奉祭上世先祖,还拨了常稔田五十亩以备祭祀之用。每年集宗族于门下宴会,谈论宗族兴衰之道,并请休宁县教谕林思和先生作文记录在册,以传后人。

徽商的团结不仅表现在一家人或同族人中,也表现在一个个商业团体中。即便在整个徽州商帮内部,他们也能做到同舟共济、以众帮众,像遍布各地的徽州会馆、同业公所的建立,就突出体现了这种精神,从而大大强化了徽州商帮内部的凝聚力。洪武十一年(1378),篁墩世忠庙毁于大火,程维宗捐白金二百五十两,重造世忠庙。如此等等,像这样的公众事业,程维宗屡屡捐献,在所不惜。

永乐二年(1404)、永乐三年(1405),屯溪大旱,民不聊生,程维宗看在眼里,急在心上,慷慨解囊以麦一百三十余石贷给佃民,让他们只需丰年归还,不取丝毫利息,甚至无力偿还者也不索要。乡间贫而无依者、死后无棺者,程维宗有的给地耕种,有的给棺安葬,并作笔录,名为"推仁"。

程维宗终年八十二岁,他开创的屯溪街市如今依然繁华,游人如织。后人把程维宗奉为屯溪徽商第一人，可以说是环境造就了人，同样也造就了文化。这都体现在一个"徽"字上，它是徽商们的精神风貌和在艰苦环境下的一种抗争，是一种不愿向命运低头的民族精神，是祖祖辈辈劳动人民的一种理想的人文精神和生活积累，是徽州的"魂"。享誉中外的徽商、徽菜、徽剧、徽派民居、徽派盆景、新安医学、新安画派等，这些灿烂而独特的文化，无不证明了民间文化和地域文化数千年来的文化传承与民族精髓，这是徽商精神的一种诠释和佐证。

助推淳安发展的徽商

明洪武元年(1368),设行中书省,下辖严州府,淳安县、遂安县为其属县;明洪武八年(1375),罢中书省,设浙江承宣布政使司,下辖严州府,淳安县、遂安县为其属;清沿袭明制。今淳安县辖古淳安、遂安两县地,下文所涉淳安、遂安均为历史地域范围。

淳安县城简称淳城,周围二里二百二十五步,有内外城之分。据清康熙《淳安县志》载,县治在城正北,南倚新安江,北连冈阜。遂安县城俗称狮城,明朝初年为里,辖东南、西北两里。明清时期,淳城、狮城的商业经济在徽商的带动下迅速发展,其中威坪镇、港口镇商业尤为繁荣,因其临近徽商发源地——歙县,是徽商前往浙西的水陆交通要冲,有茶业、木材业、典业、盐业、药铺、书铺及南北货等。

发源于徽州的新安江东流三百里为淳安县,与东南市镇紧密相连,《胡南逢百丈桥记》:"淳安旧名青溪,以濒溪

淳安古城

而名也。源自黟歙，东注浙江，旁连衢、信、瓯、闽诸郡，以趋吴会，往来栉比，朝夕不绝。"

淳安县与徽州六县有着极为相似的地理环境，"淳安环万山中"，"山多地瘠，民贫而啬，穀食不足尝，仰给他州，故勤于本业，而更蒸茶割漆，栽培山木，以要懋迁之利"（谢肇淛《寄园寄所寄》卷十二）。徽州与淳安彼此相连，明清时期两地民众关系密切，淳安、遂安两地的方姓（迁自歙县之东乡）、汪姓（部分迁自歙县环珠里）、胡姓（部分迁自歙县方塘）、吴姓（部分迁自歙县、休宁）、张姓（部分迁自歙县之武阳）等，带有浓郁的徽州生活习俗。今天挖掘出的淳安古城多处呈现徽派风格建筑，便是例证。正如光绪《淳安县志》所说："淳安本歙东乡，自隋唐以来隶新安，其后割以界睦，而东西往来者犹怵然，有桑梓眷眷之意。"

在群山环绕的环境下，徽商前往江浙发展，从方便快捷及相对安全的角度出发，自然首选新安江水路。新安江发源于休宁六股尖，经淳安县，流至建德市；江水再往东流，经桐庐，流入富阳市境，曰富春江；再往东，到了萧山区的闻家堰，称钱塘江。走新安江可取道运河北上，这是一条交通大动脉。徽商取道新安江，则淳安是必经之地。

徽州的自然地利、丰富的名优特产，也为徽州人走出万山丛、走上商业路提供了有利条件，不少人最初就是从贩运当地土特产品起家的。虽然众多的山脉挡住了徽州人经商的道路，但这里的水路可称得上便捷，"上接闽广，下接苏杭"。丰富的物产加上便捷的水路，大大刺激了徽州人前往长三角贸易的积极性。如水路要道新安江，即是徽商前往长三角的商业黄金水道：练水自绩城以下，横江自渔亭以下，率水自上溪口以下，皆通舟楫，东由歙之街出口境，下达淳安、建德、杭州、上海及兰溪、金华、衢县各埠。如通往浙江，明清时期徽州运销木材的商路有二，即"出浙江者，由严州；出江南者，由绩溪顺流而下"（程春宇《士商类要》，见杨正泰《明代驿站考》附录，上海古籍出版社1994年版）。

明隆庆以后出现的《一统路程图记》和《士商类要》，是徽州商人编纂的两部路程图记，主要记载了商人们外出所经行的路线，同时也涉及他们出门必备的各种基本常识。由于徽州府与浙江的衢州、严州二府地壤相接，因此，从徽州出发到达这两府的交通比较便利。水路主要沿着从徽州发源的新安江顺流而下，到达严州府。重要商贸中转站有如前所提的威坪镇、港口镇，威坪镇为浙皖边界重镇，是徽商自歙县、屯溪等地前往浙西的水陆交通要冲和重要商埠口岸，驿马往来，商贾汇集；港口镇地当遂安港入新安江之口，是歙、淳、遂等县的水路交通要道，明清时期商贸繁荣。从严州府"转搭横港船"，过兰溪，沿衢江往西，即可到达衢州府境。陆路从徽州府出发，向东南经严州府，到兰溪和龙游等地。此外，严州府的分水县位于徽州府的东面，何希范《重建河头埠安定石桥碑记》载，分（水）邑河头埠石桥上通徽、睦，下达苏、杭，八闽三衢莫不由兹通透（光绪《严州府志》卷三十五《艺文下三》，清光绪九年增修重刊本）。

不少徽商活跃于淳安、遂安两地，为善一方，为当地的开发建设作出了重要贡献。据绩溪《盘川王氏宗谱》卷三《（王）元奎公家传》载，王元奎（1832—1904），字世勋，道光年间国子监生，日后通过捐纳获得布政司下属官职。此人生而聪敏过人，遇事善谋能断，尤其善于经营生意。元奎年幼时与其兄长元烛一道，随其父到淳安经商。其兄王元烛不喜营商，淡泊名利，好为清静虚无之说，所以其父把商业经营之事完全寄托于王元奎，希望他能够通过经商致富，以振家声。王元奎不负其父之望，帮助其父将生意经营得井井有条。然而，清军与太平军战乱爆发，其父携二子逃离淳安，在避乱途中，其父为太平军所杀。王元奎痛不欲生，几欲寻死，但想到徒死无益，只得勉节哀思，继续打理商业，以求不负父亲的期望。不久，战乱平息，王元奎重又回到淳安，原先的家业已被太平军焚烧殆尽，王元奎不得不一切从头再起，历经半生辛苦，家业得以重振。

又据光绪《婺源县志》卷三十四《人物·义行》载，吴宗淡，字冽川，（婺源）花桥人，国学生。平生重信义，喜交友，凡亲友有困难，无不伸手援助。幼年时随父至遂安，经营盐业达四十余年，栉沐任劳。由于他精通盐政，常有创新之见，得到盐政部门官员的赏识，故他们常请他商谈盐务。他经商致富后，不忘接济乡人，多次出资维修会馆，造渡船，济饥平粜，声誉广播，遂安父老谈起他，无不举手称赞。

受政策、地理环境以及社会经济发展等因素影响，明清时期淳安与徽商有着较为密切的联系，可以说徽商对淳安的发展作出了重要贡献。类似上述徽商事例，翻开方志文献、文人文集，记载颇多，有待于今人进一步搜集整理研究。

小本起家的徽商创业

　　商亦有道,商业竞争归根到底是人的竞争,是文化的较量,是精神的博弈。恶劣的生存环境、小本起家的磨炼历程,成就了徽州商人吃苦耐劳、勇往直前、百折不挠的"徽骆驼"精神,激励着徽州商帮成就了一番基业。

货郎担

明代成化、弘治年间,歙县人江才三岁时父亲过世,家道中落,生活萧条,仅靠务农已难以维持生计。十三岁时,他不得不随哥哥在家乡帮人杀猪卖肉谋生并奉养母亲。后来江才觉得这样不是办法,看到别人外出经商挣钱,他和妻子聊天时,叹气说道:"我想从事耕作,但是家乡农田太少,而且赋税又重,这岂是可以安家立命的?我也想经商,但是我们家庭条件太差了,没有从事商业的资本,但从现在的情况来看,也只有经商才是最好的选择。"江才明白经商是需要本钱的,但他囊中羞涩,彷徨四顾,狼狈无措,环视家中,徒有住房一间,家具又卖不上几钱银子。没有想到的是,江才的妻子郑氏从容地对江才说:"村人经商十之有九,你怎么可以因为家庭贫困而放弃经商呢?"郑氏从自己的首饰盒中将金银细软取了出来交给江才,作为江才经商的本钱。

兄弟二人好不容易凑足了盘缠,决定出行。临行前,郑氏一边准备行装,一边不紧不慢地对催促她的江才说:"催什么?不慌不忙,三天到余杭。"江才说,"可不是么?不慌不忙,三天到余杭,鸭蛋未露黄。"说着,两口子都笑了。一个鸭蛋吃三天,才吃一半,二人之意是,去余杭的水路很便捷,三五天时间即可到达。他们身后的包袱里,背着家人准备的石头粿和炒面。石头粿是一种咸菜馅的面饼,用火烤制而成,因其硬如石,故名石头粿。石头粿带在路上,十天半个月不会变质。行李收拾完后,郑氏看着江才,说了一句"千万不要做'茴香萝卜干'"。因为"茴香"谐音为"回乡","萝卜"谐音为"落魄",意思是千万别在外学无所成或者经营不善落魄回乡。

就这样,两个人背着行囊,手拿雨伞,一步一回头地走上了村口的老桥,走上了村外的小路,离开故里,踏上了四方奔走求食的道路。他们心里四顾茫然,孤独而彷徨。五天后,兄弟二人抵达杭州,通过族人介绍,先在别人家的铺子里打杂,边打杂边学习如何经营。每逢初一、十五时，店主会为学徒们提供一餐肉食，但每次江才都不舍得吃，而是用盐酱把肉涂裹后封存在罐子里，托人带回家中。因为在家乡徽州，人们很少有机会吃到肉。

在外地做伙计一般有几个阶段：先在店里做学徒，相当于现在的见习，三年见习期间，不仅中途不能回家（丧事除外），而且基本上没有工钱。三年学徒期满，再当三年"半作"，也就是拿半数工钱的试用伙计，然后再逐年晋升。江才做学徒时头脑活络，眼明手快，且勤劳肯干，每天清晨都比别人提前一个时辰起床，擦桌椅柜台，打水烧茶，甚至服侍主人起居。江才基本每晚都到上了门板、收了夜壶之后，仍摸着黑，就着窗外朦胧的月光瓣里啪啦地打算盘，练习算账技能。

后来，兄弟两人逐渐有了点积蓄，便开了一间小杂铺，出售米、油、盐等。两人省吃俭用，努力经营，恨不得把一个钱当两个用，但还是由于本小利薄，赚的钱不够维持一家人的日常开支。二人虽感到很苦闷，但仍相互勉励："丈夫贾则贾耳，固当择地逐时，用不在大，宁能规规然析薪而爨，数米而炊乎！"

江才始终觉得困守在这间小杂铺是没有出头之日的，他决定再出去闯闯。于是他告别哥哥，横渡长江，顺着大运河北上，到达山东一带。在那里，三九严寒，他绝不喝酒取暖；盛夏烈日，他连草帽也不舍得买，只是躲在别人车子后面避开炙热。艰苦的条件下，他靠着两条腿首先到处摸清各个市场行情，了解哪些商品在市场上紧缺，然后把握供需状况，审时度势。他分析了不同时节物品的差价，于是利用季节差价，囤积居奇，盈利颇丰，积攒了不少资本。来回多个地区奔波，江才看中不同地区之间物品的差价十分大，这之间的利润与之前的小杂铺相比简直是一块巨大的"肥肉"。于是江才决定利用地区差价，大搞贩运活动。在长途贩运过程中，江才这一路不甚顺利。在贩运货物至山东时，他所乘坐的小船被刮坏，货物全部损失，仅江才本人幸免于难。但江才没有因为这件事情而放弃长途贩运，而是拿出自己前期积攒的资本，高价买下物品，如期交付给订货的物主。如此一来，江才的名声在当地也响亮起来，大家都知道有这么一位艰苦创业、诚实守信的商人，其经商之路逐渐走向成功，资本越积越多。

尽管已累积万贯家财，但江才夫妻二人仍然勤俭持家。妻子郑氏纤俭如故，在家乡大置田产，建园立宅，遇到收成不好时，还会减免田租。其膝下有四子：江琇、江珮、江瓘、江珍。江才经常告诫儿子和下人，要知家苦，要不忘本，不能吃了白米饭，丢了乞丐帮。其四子中，琇、珮经商，瓘、珍习儒，均有所成。江珮自幼就很聪明，勤奋刻苦，十六岁时考中秀才，但当时郑氏病逝，江才无心经营，将生意交给江珮经营。江珮继承了父亲的吃苦精神和管理才能，在和兄长江琇一起经商时，也善于审时度势，灵活机变，但凡在一地经营不利时，便会立刻迁徙到另外一个地方重启生意。他先后辗转扬州、山东、湖北等地，将家族的长途贩运生意和吃苦耐劳精神延续下去，兢兢业业，家道日繁。

徽商的自主创业精神

　　徽商向来深受儒家学说影响，他们的创业精神大都源于"儒道"。"儒道"在创业上向来提倡"劳而不怨"。孟子说："天将降大任于斯人也，必先苦其心志，劳其筋骨，饿其体肤，空乏其身，行拂乱其所为。"徽商自幼即接受儒学教育，孟子的话在他们心中都是至言真理，他们结合自身实际，于是便自认"发大财"就是自己将要承担的"大任"，就要苦心志，劳筋骨，饿体肤，空乏自身，承受一切的苦难，开创大业。无形地，徽商在脑海中就竖立了独立自主的奋斗精神。"脚是亲，手是亲，捏起拳头靠自身"，这就是在他们群体中广为流传的谚语。虽说由于宗族亲缘关系，徽商之间有相互提携的传统，但同时他们自己也深知，创业的成功真正靠的还是自己的努力。

　　从外出做学徒学习做生意开始，他们就逐渐养成积极上进、独立自觉的精神。徽州有首民谣这样唱道："前世不修，生在徽州，十三四岁，往外一丢。"家境困苦，促使不少徽州子弟年纪轻轻便外出学做生意。他们一般首先要到家族亲友店铺里当学徒，学徒的生涯是极其辛苦的。绩溪有首儿歌叫《写封信》："写封信，到徽州，俺在杭州做伙头。一日三餐锅焦饭，一餐两个咸菜头。"这样艰辛的生活条件没使他们受挫，反而更激起了他们独立自强的精神，进而"吃得苦中苦,方为人上人"。

　　歙商鲍直润,十四岁就到杭州学做生意。店铺规定,初来的学徒只能从事洒扫等杂事,所以鲍直润在店铺里待了半年,一天到晚只是做洒扫等杂事。鲍直润想到自己什么也没有学到,内心颇为焦虑,于是私下与众学徒说:"我们来到这里,谁没有光大门庭的愿望呢?半年过去了,可师傅却始终不教我们(做生意)。这样下去,如何是好啊?不如我们互相帮助,定下约定,如果有人学到了什么,一定要相互转告,不要保密。大家共同努力,共同学习,这样我们就可以事半功倍了。"这些话不知怎地传到师傅的耳朵里,师傅非常赞赏他,觉得他是可造之材,于是倾囊相授。学徒期结束后,鲍直润走上经商之路,他发扬自尊自强的精神,努力经营,不出几年,生意大获成功。(事迹载入《歙县新馆鲍氏著存堂宗谱》卷二《中议大夫大父凤占公行状》)

　　学徒时如此,而经商过程中,独立自强的奋斗精神,更是被徽商发扬得淋漓尽致。

　　明代徽商潘侃少年时随他的叔父们到四川经商。潘侃精明能干,善于经营。不久,潘侃发现叔父们不善于经营,一心只想营利,往往弄巧成拙,自己的一些正确意见往往不被采纳,心里很是不满。他心想:这样下去,生意怎能做成功,自己的才华怎能施展?于是潘侃便向叔父们要求分资独立经营,但叔父们都不答应。这时潘侃的父亲前来,于是潘侃获得了父亲的一些资本支持,并对父亲说:"精明的商人应该善于观察市场行情,根据商品供需变化,四处流动贩运贸易,这样才有机会获得成功。我们当务之急就是到四川各地大范围活动,寻找贸易时机。而像这样困守一隅、固守自封,生意怎能获得成功呢?孩儿愿借这次远行贸易,来真正实现自己的愿望。"于是潘侃独自离开四川,远赴扬州、苏州和武汉等地贸易。由于他放开手段，瞄准市场供需，大胆进行长途贩运贸易，很快他便大获成功，成为声名显赫的大商人。（事迹载入汪道昆《太函集》卷十四《潘次公夫妇九十寿序》）

还有一位徽州歙县商人黄豹，年少时家道中落，生活困窘。他见县里一些富商大贾生活奢侈，出门仆役成群，而且恃富张狂，横行乡里，心里很不平衡，不禁长叹着说："这些结伙跋扈的，难道天生就该享受富贵吗？"他认为寄生虫般的富有是不足称道的，真正的威望是靠自己拼搏出来的。他暗下决心，定要闯出个名堂来。于是他辞别了父母，独自出门经商。他携带着资本来到湖北一带，但由于开始不太善于经营，几笔生意没能做好，陷于困顿之中。然而这些并没有摧毁他的意志，他决定换个地方换个行业再发展。别人劝他小心，他说："当年大商人蜀卓氏在葭萌经商，由于葭萌地狭民贫，生意无法获得大发展，于是蜀卓氏转到汶山贸易，生意大获成功。现在我们如果依然困守湖北，这是不可能致富的。"于是黄豹携带所剩资本来到淮南发展。淮南这个地方是商业贸易交会场所，鱼、盐等物产丰饶。黄豹利用当地资源，做起了贩运贸易。他排斥一切欺诈行为，坚持以义为利，深得人心。他一年就收回成本，二年小有积蓄，三年下来大获丰收，成为当地的大商人了。致富后，他并没有像家乡的一些富商那样飞扬跋扈，而是极力周济穷人。（事迹载入歙县《竦塘黄氏宗谱》卷五《明故处士黄公豹行状》）

据记载，明代中叶徽州的休宁、歙县、祁门等县，在家种田的人户只占十分之三，而出外经商的却占了十分之七。在这样多的经商人口中出自地主缙绅家庭的只占少数，大多数商人都是出身寒微，受环境所逼不得不出外经商。他们在经商之初只能从小本生意做起，但他们有一种不怕艰苦、努力奋斗、积极进取的精神，在商业活动中能够经受得住各种挫折，进而把生意越做越活，逐渐发家致富。徽州的一些豪商巨贾往往就出自他们之中。像潘侃、黄豹这样的徽商就是典型代表。在他们身上，我们能挖掘出一些共同的特性，那就是不安于贫困，也不固守自封，失败绝不气馁，他们更多的是相信自己，依靠自己，发扬独立自强的奋斗精神，坚决与困难作斗争。这是徽州商帮越来越活跃，影响越来越大，最终发展为与北方晋商并称明清十大商帮之首的重要原因。

徽商囤积居奇谋大利

　　想在强手如林的商业竞争中占有优势,立于不败之地,除了拥有先天有利的条件之外,能够审时度势,运筹帷幄,万事掌握于心才是重要的。

　　程锁,明代嘉靖年间人,家住休宁,年幼时便饱读诗书,才华横溢。程锁从小就知道孝顺父母,对于父母要求的事情总是尽心尽力办到,不让父母担忧。他年轻时跟从乡里文士学习,十八岁那年,突然听闻父亲病故在外地,程锁当时就感觉天昏地暗,痛不欲生。因为身上没有盘缠,他徒步将父亲尸骸运回老家。在家守丧三年,他从此断绝酒肉,学习圣贤。

　　三年后,程锁无意仕途,看到族人均在外地经商,加之母亲劝告,"你已经长大了,应该承担家庭的责任。养家糊口,也不能仅把希望寄托在读书这一条路上。"于是,他决定尝试经商,但家境窘困,资金严重不足。程锁灵机一动,想到联合本族中志同道合的十几个兄弟,每个人拿出三百缗本钱,来到今天的南京溧水,从事小本生意。当时,程氏宗族中已经发家致富的人颇多,那些富家子弟个个挥金如土,竞相奢侈。程锁和同伴咬咬牙,暗地里盟誓,一定要艰苦创业。正是因为程锁出身贫寒,了解贫穷百姓的不易和艰难,所以他在经商时，非常讲究信用，货真价实、物美价廉、童叟无欺，生意特别红火，几年之后，家道逐渐殷实。

在其商业发展逐渐走上正轨时，程锁发现在溧水一带民间借贷非常活跃。民间借贷也就是今天的高利贷，利息非常高，典当铺店堂横门一溜砖砌的高柜台，差不多超过中等人一头，只有仰脸踮足高举双手，才能交货接钱，典当铺也就成为了"高柜台"。很多人因为临时周转，借了高利贷而还不了钱导致家破人亡。程锁看到这种现象很是心痛，他认为既然不能阻止这种现象，那就要改变它，而且这也是一种非常好的"钱生钱"的经营商机。典当商在徽商中资本极为丰厚，堪称"上贾"，经营时风险较小，获利丰厚，很多典当商人取息多为百分之二十至百分之三十，还有很多超过百分之三十（尽管朝廷规定"每月取利，并不得过三分"）。贫穷者借了高利贷，很少有"翻身"的机会，拿去典当的东西，大多有去无回，而商者则可以以半价变相收购各种抵押品，一旦有想赎回的，则要支付高于原价几倍的价钱。看到这一点，程锁利用手中的资金也在当地进行资金的拆借活动，但是他收取的利息比别人都低得多，大概也就在百分之十左右，因此他的生意总是比别人好，从一定程度上抵制了当地的高利贷现象，他本人也在当地建立了威信，当地人从此尊称程锁为程公。

1543年，溧水地区庄稼丰收，导致粮食价格下跌，造成谷贱伤农。程公看到这种情景很是心痛，他动用手中的资金，按照正常的市场价格买入粮食，避免了当地农民因粮价下跌而造成损失。次年，溧水地区大旱，农作物歉收，市场上粮价一下子上涨了，普通百姓买不起粮食，饥荒情况愈发严重，很多奸商囤积居奇，而程公则不然。他将上一年收购的粮食，按照往年正常价格供应市场，只赚取薄利，而且对于很多无钱购买粮食的贫苦人家，他还主动开仓放粮，平抑了当地的粮食价格。程公的义行赢得了当地老百姓的赞扬。很多有德行的人都来追随程公,程公在当地的名声越来越大。

当手中集聚了一定财富后,程锁想到可以将囤积与放债结合在一起。一方面在青黄不接的时候贷款给小农,秋收时节收取利息;另一方面在"谷贱伤农"的时候,平价购进粮食囤积,待大饥之年,谷价腾贵时,再把囤积的粮食抛售出去,在一买一卖之间大获厚利。由于程锁坚持放债取息较低,年息不过十分之一,即便是大饥之年,出售粮食的价格也跟以往差不多,所以博得了当地人们的交口称赞,以至生意越做越火。囤积与放债结合起来,就是程锁致富的秘诀,春荒米贵之际,贷钱给农民,然后再让农民拿钱来买自己囤积的粮食;秋收米贱之时,让农民卖粮还贷,自己又乘机买粮囤积。尽管是薄利廉贾,但通过这样一出一进、一进一出,放贷收贷、购粮销粮、循环往复,程锁所获得的利润越来越丰厚。每天,程锁的商号都是门庭若市,他不得不决定扩大门面,部署子弟到各处开设分店分铺。没过几年,他的生意就遍布今苏浙一带。

嘉靖年间,日本倭寇猖獗,屡犯我沿海地区,由于当时政府财政有限,只能将有限的兵力部署在固定的地区,而且筑城费用都是由地方各自筹备的,很多地区因为疏于防范导致倭寇有恃无恐。县官就委托程锁筹备修城事宜,程锁慨然应允。他除了自己捐资五百缗外,还组织民兵抗击倭寇,取得了很大的成效,为当地人民谋取福利。

程公临终时告诫子孙:我一辈子碌碌无为,没有什么成就,你们一定要发奋图强,不能自甘堕落,要学习古圣先贤。我一辈子最仰慕的人是王烈和陶潜,你们也要以古人为榜样,不能随波逐流,不要做杀生的行业,要孝顺……

程公一生的行谊给子孙后代树立了榜样,也教化了当地百姓,为形成良好的民风民俗起到了积极的作用。

新安会馆徽商议事场景

小算盘成就大科学家

　　算盘被誉为"中国的第五大发明""世界上最古老的计算机"。如今虽然进入了电脑时代,但算盘的启迪智力和教育功能仍受到人们的重视。华裔学者李政道博士说:"我们中国的祖先很早就创造了最好的计算机,这就是到现在还在全国通用的算盘。"周恩来总理曾指示说"不要把算盘丢掉"。如今,在安徽省黄山市屯溪区就建有目前中国唯一的一座珠算资料馆。

　　说起这座资料馆的建立,它实际上是为了纪念我国明代的一位数学家,也是一名徽商,他就是程大位。资料馆就建造在程大位故居旁,馆内陈列有一座程大位的塑像,塑像旁标注了程大位生平简历,并展示了相关的诗词歌赋、楹联等。馆内最重要的陈列是一个个珠算算具,它们有多种类别,如通用类、专用类、工艺类、革新类、外国类和其他类等,汇集珍藏了古今中外各种算盘三百多种。除众多的传统木质算盘外,还有金、银、铜、锡、玉、象牙、海珠、珍珠等质地的算盘。最长的算盘有人一般高,最小的一具算盘是比人的指甲还小并镶有宝石的银质戒指算盘,当然它只能作为一种装饰,而不具有实用性。此外还有现代意义的附有计算器的辅助算盘。这些算盘真可谓千姿百态、琳琅满目,令人叹为观止。看了这个珠算宝库，我们不禁会想到这些算盘的始创者——程大位。下面就让我们探究一下程大位的经商生涯及他的算盘。

嘉靖十二年（1533），程大位出生于休宁县屯溪率东，字汝思，自幼聪敏好学。程大位孩童时期，就乐于学习，好奇心强，饱读诗书，而且读书过目成诵，对书法、绘画都有广泛的研究。因受经商父亲的熏陶，程大位对计算数学也很有兴趣，少时随父外出经商，遨游吴楚，博访闻人达士，遇有"耆通数学者，辄造访问难，孜孜不倦"。待程大位二十岁时，他决定自己经商创业，于是来到长江中下游一带，谋划着做生意。

一天艳阳高照，在跑生意的路上，程大位觉得饥肠辘辘，恰巧远远地看到前方有一家酒店，程大位便进了酒店准备在此就餐。小二见客人来了，很是热情，端茶倒水，还给程大位推荐自家酿的酒。程大位做生意一直很严谨，有事在身的时候，向来不会沾酒，只点了一壶茶、两个菜。他在品茶时，只见店老板同一群酒客突然争吵了起来。店老板说："我上了二十瓶酒，一半是上等酒，一半是薄酒，现在只剩下一瓶薄酒了，应该照此数算账。"一个酒客说："你当时没有说明呀，谁知道你上了什么酒呢？"另一个酒客说："我一个人喝了三瓶。"又一个酒客说："我们三个人喝了一瓶。"各人争报着喝酒的瓶数。在旁的程大位听后，清点了一下人数，共三十三人，低头沉思片刻，起身走向那些酒客，忽然吟咏道：

　　肆中听得语吟吟，薄酒名醨厚酒醇。

　　好酒一瓶醉三客，薄酒三瓶醉一人。

　　共同饮了一十九，三十三客醉醺醺。

　　试问高明能算上，几多醨酒几多醇？

酒客们听了程大位的吟咏,个个惊讶,觉得他的话意味深长颇有玄机,却都不知如何回答。稍倾,程大位面对店老板和酒客们说:"你们一共三十三个人,共饮好酒十瓶,薄酒九瓶,剩下一瓶薄酒,一共饮了十九瓶酒。也就是说,好酒三人饮一瓶,三十人共饮十瓶;薄酒一人饮三瓶,三人饮九瓶,这不是一十九瓶吗?"

大家听后,都顿时豁然开朗。店老板感激地对程大位竖起了大拇指说:"客官算得真是准确啊,确实就是这么一笔账。本人口拙,一着急也说不清楚啊,还好遇到了您!"酒客们见算得一丝一毫也不错,是这么个理,顿时沉默,就不再同店老板争吵了,立马付了钱离开了酒店。店老板感谢程大位给自己解决了这一麻烦,免去了程大位的午饭钱。

一个月后,程大位在家乡调运茶叶运往松江销售。路过宣城时,程大位见一个农户赶着一些马、牛、羊在村南头草场上放牧。忽然一阵狂风刮来,马、牛、羊顿时受到了惊吓,纷纷跑到了田埂处。农户一时之间拉不回所有的马、牛、羊。不料,马、牛、羊竟开始吃起了田埂旁的稻谷。种田人此时正好路过,见此情景,顿时大怒:"这是谁家的马、牛、羊?怎么在这里随意吃人家辛苦种的谷物?主人也不管吗?"放牧的人立马跑上前来道歉:"是我的失误,实在是对不起。一人之力有限啊,想圈住它们有点困难。"种田人正在气头上,也不听放牧人的解释和道歉,只要求放牧人给自己赔偿。两个人便开始围绕赔偿金争执起来。争来争去,种田人最后决定要放牧者赔偿自己六石粮。放牧人听后觉得种田人是在讹诈,所以不同意。于是两个人又争吵了起来。程大位听后,数了数,有八匹马、九头牛、十四只羊,心中默算了一番,最后说道:

八马九牛十四羊,赶在村南牧放场。

吃了人家一段谷，议决赔他六石粮。

牛一只，比二羊，四牛二马可赔偿。

若还算得无差错，姓字起群到处扬。

程大位说："你们自己算算看吧。"

两个人张口结舌，没有算出。程大位又说道："所吃的稻子，八匹马，共赔偿稻谷三石；九头牛，共赔偿稻谷一石六斗十八升七合五勺；十四只羊，共赔偿一石三斗一升二合五勺，照此赔偿也不为多了。"

放牧人听后服气了，心想确实是这么笔账啊，于是不再同种田人争吵了，并把钱给了种田人。此事和解后，种田人同程大位一起帮忙把马、牛、羊集中了起来，放牧人很是感激。

一年后，程大位运盐到扬州府，在船上与船夫们聊天。众人听说程大位善算，其中一人就出题想难倒程大位，道：

诸葛统领八员将，每将又分八个营。

每营里面排八阵，每阵先锋有八人。

每人旗头俱八个，每个旗头八队成。

每队更该八个甲，每个甲头八个兵。

请问诸葛孔明统领多少将兵啊？

程大位听后，躲开众人，用算盘算了起来。

很快，他回答说："诸葛孔明军师统领将兵共计一千六百七十七万七千二百一十七人。"

这个船夫问道："先生，何以见得呢？"

程大位道："这是一道自乘得数，又自乘得数的算术，因此我才算了出来，没有差错的。"船夫道："先生算得一点也不错，我佩服先生的算功。"

程大位在外经商二十年，善于心算，且从来没有差错。四十岁时，程大位倦于外游，便弃商归故里，认真钻研古籍，撷取名家之长，历经二十年，于明万历壬辰年(1592)写就巨著《算法统宗》十七卷。

《算法统宗》详述了传统的珠算规则，确立了算盘用法，完善了珠算口诀，搜集了古代流传的五百九十五道数学难题并记载了解决方法。程大位完成《算法统宗》一书后，考虑到该书卷帙浩繁，内容庞杂，作为一本供人学习运算之用的书有所不便，于是"删其繁，揭其要领"，取其切要部分，另编成一本《算法纂要》四卷本的珠算书，于万历二十六年(1598)在屯溪刻印面世。《算法纂要》成为后世民间算家最基本的读本。

程大位于此书中在吸取各家算法精华的同时，也有一些错误的见解。例如，首篇"揭河图洛书，见数有本原"中，有数字神秘主义思想，书末还有属无稽之谈的推算孕生男女歌。其中，有的地方还使用了传统数学书中的错误公式而未加改正，以致以讹传讹。这些对以后数学的发展起了不良影响。

世界第一个卷尺是程大位于1578年前后发明的，他当时把它称作"丈量步车"，程大位因此被誉为"卷尺之父"。

"丈量步车"较之当今的钢卷尺、皮卷尺显得庞大许多，但从其原理、构造、用途和用法来看，又令人不得不承认它就是卷尺的雏形。它由木制的外套、十字架，竹制的篾尺，铁制的转心、钻脚和环等部件组成。篾尺收放均从外套的匾眼中进出，钻脚便于准确插入田地测量点，环便于提携。篾尺使用起来收放自如，丈量、读数、携带都很方便。

更为难得的是程大位发明的卷尺不但有实物，而且在他编著的《算法统宗》第三卷中还有完整的零件图、总装图、设计说明和改型说明等全套书面资料,这在世界发明史上是相当罕见的。根据这套资料,世界上任何一个国家的木工都能很方便地制作出卷尺。

据《明史》记载,明神宗万历六年(1578),内阁首辅张居正下令全国清丈土地,并将"土地丈量"与"一条鞭法"作为其推行改革的重要措施。从《算法统宗》中获悉,程大位亲自参加了这次大规模的清丈土地工作。在此之前,"古者量田较阔长,全凭绳尺以牵量",不但劳动强度大,而且差错率很高。因此程大位面对此问题,决心设计出一种更加便捷且差错率低的丈量工具。他在设计说明中说,他的创意灵感来自木工使用的墨斗。

谁能想到,作为一个普通商人的程大位,在生活中处处留心生意场上的计算学问,不仅事事心算手算,而且潜心研究古今计算方式方法,终于成为我国的一位大数学家、珠算研究的集大成者。他的功绩名留千古。

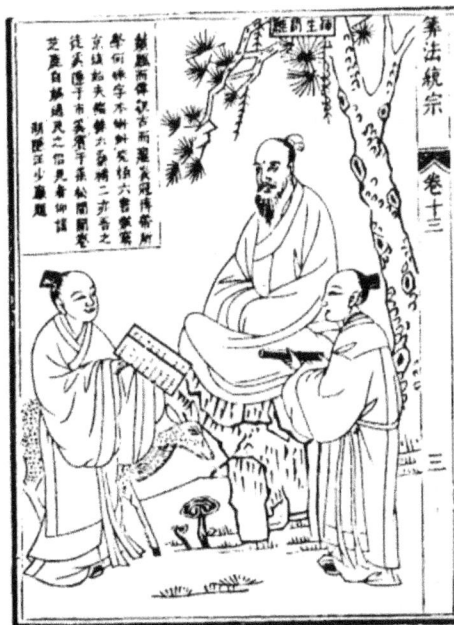

《算法统宗》"师生问难图"

徽商急公好义助乡间

"欲把名声充宇内，先将膏泽布人间"，说的就是徽商急公好义、济困扶危之义举行为。在徽州，兴水利、修道路、筑亭桥等徽商行为经常可见，而又以赈灾救荒的事迹最为响亮。

吴荣，字惟禄，别号仰山，自幼十分警敏，十四岁时即出外经商。在外闯荡时，他勤俭节约，每日粗茶淡饭，到处奔波，留意商品价格波动，观察市场行情。在经营中，他看不起贪婪之人，崇尚节俭，知时任人，家业日渐兴起，所做的行业范围越来越广。在资本日益壮大时，吴荣依然坚持克勤克俭，始终如一，但遇到救济救贫之事却积极支持。

吴荣与族人乡亲交往时，往往周人之急，赈人之乏。遇到贫穷借贷的，利息他就会减少很多，遇到借贷而实在没有办法偿还的，吴荣就焚烧其借条，让借债人十分感动。嘉靖年间，遇到灾情，吴荣捐赠了大量粮食，户部奉朝廷惯例对赈灾的义民赐以冠带。吴荣被列入赏赐名单，但他谦虚地推辞，不受冠带。最后朝廷再次予以赏赐，他才恭敬受之。后遇连年粮食歉收，都御史给各府县下达文件，要求富商拿出银子分赈饥户，吴荣即刻付之行动，不曾迟疑。

除了朝廷要求的捐粮、捐银应对灾情外，吴荣本身在面对灾情时也是毫不犹豫地伸出援助之手。吴荣在经营地经商时，当地遇到水荒，很多人流离失所，没有食物和可以居住的地方。因为有灾情，很多商人的生意都受到了影响，于是大家纷纷裁员，并缩减工钱，以求降低经营成本。吴荣不仅没有这么做，而且下令让家人煮米粥，接济灾民近三个月，当地人都称赞他的功德。乡邻对他的行为感到难以置信，因为吴荣平时给人的印象是很"抠门"，他在饮食、起居等各方面均十分节俭，服饰干净但不华丽，饮食清淡而不奢侈，有时连一个吃剩的馒头都不舍得丢弃，但他在遇到灾荒和饥民时，却慷慨解囊。吴荣常教育子女：为人不应做"守财奴"，富而有义，以仁待人，因仁义而生财，从而成为财富的主人。吴荣的言行深受乡人敬佩，被很多人称为"吴大善人"。

有一次，吴荣去外地洽谈生意，路上遇到大批饥民，不少饥民病倒、饿倒在路边。吴荣看到后，即命家丁请来大夫医治饥民，并临时出钱请人在路边搭建了许多间小草屋，供饥民遮风避雨所用。同时，吴荣派家丁从最近的地方运来大米，在搭建的小草屋里熬粥做饭，供饥民食用，挽救了许多人的生命，一时传为佳话。

积而能散，富而好施，吴荣不仅在外地广施恩德，在家乡更是善举不胜枚举。有一次他为赈济家乡灾民，捐银两千两，并为宗族捐赠银两建学宫，购置学田，资助族中贫困子弟读书求功名。不少受过吴荣恩惠的族中子弟，有的投奔吴荣，成为吴荣生意中的得力助手；有的考取功名，做官后不忘吴荣的恩情，积极为以吴荣为代表的商人代言献策。

"惠而不费，惠及乡间"，最明显的反应就是徽州商人的仁心济世。虽说徽商在日常生活中强调克勤克俭，但是每逢百姓遭遇水涝灾害时，他们要么力所能及地竭诚捐赠，拯救灾民于水火之中；要么出谋划策，力图缓解百姓的苦难；要么坚持以义为利，不发国难财；

要么积德行善,不赚黑心钱。这种仁义散财、富而广施的观念,从当时的出发点来看它是一种义举,但从长远来看,它是徽商的一种精明的投资,因为它对赢取商德口碑乃至于顾客,对扩大商人及整个商帮的知名度并获得社会的广泛认同,对消除徽州商帮的商业扩张阻力,都发挥了极为重要的作用。

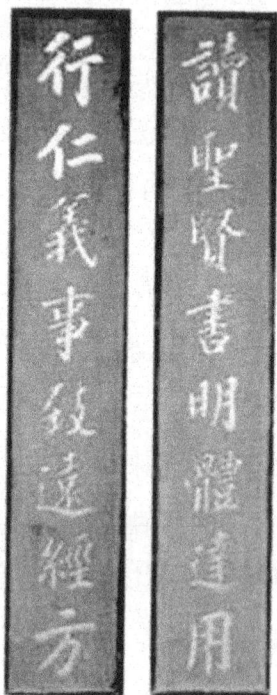

徽州楹联

徽商乐善好施惠桑梓

儒圣言：穷则独善其身，达则兼济天下。徽商既有在商场中翻云覆雨、叱咤风云、开拓进取的不朽气概，又有重情谊、讲道义、乐善好施、造福桑梓的儒者胸怀。在中国历史上还没有哪一个商帮像徽州商帮那样乐善好施，视报效家乡为己任，而且形成了风气，代代相传。

徽商乐善好施尤以赀财雄厚的两淮盐商最为突出。据嘉庆《两淮盐法志》载，从康熙十年（1671）至嘉庆九年（1804）短短百余年时间内，为捐输、赈灾、救济，两淮盐商（主要是徽商）共捐输银3920.22万两、米2.15万石、谷32.946万石，数目着实惊人。另据道光《徽州府志》载，乾隆十六年（1751）徽州发生饥荒，县里绅商捐6万金建惠济仓60间，救济赈灾，其中一些大盐商如汪应庚、鲍志道、鲍淑芳等踊跃捐款，救活灾民无数。其他诸如修桥筑路、济贫治病、助学恤孤、赞助红白喜事等，更是举不胜举。

不仅大商人乐善好施，中小商人亦是如此，只不过他们的善举规模没有如此之大而已。徽商王一标，"勤谨尚义"，由于家贫年少时就出外经商，"贾于繁昌荻港镇"，竭力经营，家稍裕。王一标曾在路上拾到遗金百余两，他就坐守路旁等待失主。至傍晚，失主一路寻觅而来,王一标查实后如数交还。失主欲分金一半给王一标以示酬谢,王一标推辞说:"我若贪此金,何必要坐守此处等你呢?"晚年,王一标在家乡设立米局专门救济贫弱孤乞者。绩溪人章国金之父也是一个小商人,虽然家境并不富裕,但他逢善事必做,以致家贫,甚至有时揭不开锅,少年章国金不得不经常背负柴薪换取食物以养父母。章国金长大后经商,其秉性一如其父,遇到苦于婚葬、流离失学、鳏孤病弱者,他都会学着父亲的做法慷慨解囊襄助之。像王一标、章国金父子这样乐善好施的中小商人,在徽商当中是普遍存在的。

徽州是徽商的桑梓之地、父母之邦,是其"根"之所在,徽商对家乡总是有深厚的感情。歙县人许承尧曾说:"歙县有一个良好的风俗,就是当地人不肯轻易背离其家乡,一旦有人背弃家乡,其家族亲友就会鄙视他,这就是常说的'千年归故土'。"徽州有徽州人千百年的祖墓,有千百人共同祭祀的祠宇,有千百户聚居的乡村。徽州俗谚云:"生在杭州,嬉在苏州,死在扬州,葬在徽州。"徽州是徽商的发源地,有他们的信仰寄托和亲友温情,也是他们的大后方和最终的归宿。他们在致富后,首先想到的就是在家乡兴办公益事业,为家乡尽力。他们虽然长年经商在外,但他们脑海中始终未忘却家乡父老乡亲的穷困和苦难,他们心中始终有一份挥之不去、割之不断的家乡情结。家乡每有兴教办学、助文资娱、修桥筑路,抑或是赈灾济困、扶贫助弱的义举义行,他们就会积极响应。他们广泛设置族田、义田,救济本族或家乡穷人;赞助家乡各种建设,在修城、筑路、架桥、修建书院等方面都有许多贡献。

徽商舒大信在家乡黟县修建了书屋十几间,作为族人读书之所。邑人议建书院,舒大信一人就捐资两千四百两白银襄助。还有徽商孙有燧更是举凡善行义举都做,他在家乡修建祖祠,设立义田,修理祀典宗谱,资助乡族贫困的人,捐资修建书院。遇到灾荒之年,他主动出米赈灾救济。道光年间,县里编修县志,修造文庙、考棚等,孙有燨首倡并前后捐资一千五百两白银。种种义行义举使他声名远扬,当时人们都尊称他为"孙善人"。

这类有关徽商乐善好施、造福桑梓的事例在徽州方志、宗谱、族谱中比比皆是。他们经商一方,造福一片,不仅提高了徽商的知名度,更将徽商的美誉传遍宇内。他们"惠及乡闾"的种种善行义举,尽管耗费了不少资本,但赢来了一片颂声,增强了乡族的凝聚力,也因此建立了牢固的后方根据地。如光绪年间,祁门受洪水灾害,居民困苦不堪。这时徽商倪望铨从外地贩运粮食回来,他不惜蚀本,以贱价散赈饥民,救活无数人。此后,倪望铨义名远播,其生意也是越做越好,家道随之日益昌盛。可见,乐善好施、造福桑梓等善行义举不仅体现出"儒商"风范,而且在一定程度上与商业经营有着密切的互动作用。

施粥赈荒

徽商父女贤达服侍郎

"起轿咯——"

锣鼓笙箫、红绸彩缎、喧嚣沸腾,扬州汪府前的花轿缓缓地抬起向前。绫罗花轿里,红绣金丝盖头下,汪爱娘稍稍抬了抬眼,盖头像一抹浓厚的朝霞,弥漫她的视野。

轿夫们欢快地跃动着步伐,微微的颠簸,使轿子里的爱娘也感受到这喜庆的气氛,但颠簸带来的更多的是忐忑和迷乱。

"这是门好亲事!"临别时,父亲牵着爱娘的手说。

父亲汪顺达十余年前从家乡徽州休宁来到扬州经营盐业生意,膝下有儿无女的遗憾使他对收养的小女婴爱娘视如己出。贾而重儒的徽商情怀,让父亲像对待其他三个儿子那样教育她,使得本就出落得非常标致的爱娘,又精于琴棋书画,早在十里八乡传开了美名。

轿子颠到小秦淮,行上水路。岸柳如烟,桃花映落。

半月前,又一位提亲者踏入汪府大门。上汪府提亲的人,也不知来了多少,而这一位却气度非常。爱娘好奇地躲在壁厢后偷听,弄清了这回个中缘由。

原来当朝礼部韩侍郎告假已满,携眷返京。船至扬州,夫人却因舟马劳顿突发重病，再难前行。夫人重病，诸事不便，于是全员滞于扬州暂歇，为夫人求医问药。而韩侍郎也欲顺便在此求一佳人为妾，一来照顾夫人，二来以为"冲喜"，三来亦显身份。名满扬州的汪爱娘，自然是首选。

爱娘初闻，心中不悦："父亲，不是我多嘴，女儿也非愁嫁之人，何苦将女儿嫁作他人小妾？莫说女儿地位卑微，便是父亲脸上也无光彩。"

汪顺达何尝没有考虑过这点，但几经权衡利弊，倒也觉得这样未必不好。他说："韩侍郎毕竟是朝廷命官，妻妾之需也在所难免，倒不一定要去争这个名分。二品大员之妾，倒也不算辱没了门庭。"

登门送聘，姻缘既定。

韩侍郎的官船泊在小秦淮上静候着。

两船互面，丫鬟们搀起爱娘，爱娘手扶丫鬟，摸索着小心翼翼地踏上官船舷板。脚下一路轻软——绵厚的朱红缎子在甲板上一直铺开去。新娘子足不沾地，以示无玷之身。

丫鬟们扶她站定后说："夫人，请看。"爱娘透过盖头，却见一个瘦弱的人影先走近，知道是韩夫人来了，她微微地屈了屈身行礼。

韩夫人伸出纤指轻轻拨开盖头一角，细细地窥视了一眼，满意地点点头，和善地微笑。爱娘羞笑着垂下眼帘。

韩夫人放下盖头，娴静地回身，走向不远处站定，低声地絮絮说着，回应她的是沉稳而掩饰不住喜悦之情的男子低语。爱娘猜韩侍郎就在那里。

当父亲为爱娘准备的嫁妆一样一样从后面的船上抬来时，爱娘听见韩侍郎不禁惊叹起来："这老丈人，嫁妆竟备得这般丰厚！养银都备有十万两。纵我是朝廷二品命官，也不值得他如此礼数啊。婚后我必要择日登门致谢才是。"

官船此夜张灯结彩，火光摇曳，淹没星辉，照得小秦淮河恍若白昼。丝竹画舫，歌舞喧腾，畅饮行令，拱手致贺，直闹到月挂中天。丫鬟们牵引着顶着红盖头的爱娘，随韩侍郎穿梭于宴席之间，所经之处，觥筹交错，呼喝欢欣。

"看这端庄举止，新娘定是个标致人儿！"

"我可是看着她长大的，那贤淑性子，哪还有话说？"

入夜客散。

"倒是辛苦你了。"韩侍郎轻轻合上新房大门，第一次对爱娘说话。

爱娘坐在镂花牙床上，双手平静地交叠在膝头，微微颔首说："官人久有繁冗公务缠身，些微家常，妾身理应行事周全。"

"真难得你这般贤惠。早听说徽商商儒并重，不闻铜臭而有墨香，果然名不虚传。"韩侍郎叹道，坐在爱娘身边，缓缓挑起盖头，定睛细看，眸里忽地闪动起奇异的光彩。

晨光初照。

"笃笃"的敲门声。

"谁呀？进来吧。"病榻上的韩夫人虚弱地答道。昨夜婚宴，韩夫人于船上又受了风寒，病情加重了。

爱娘端着一碗参汤，低着头碎步入房来，在榻前跪下。

"夫人，妾原知夫人有恙，便从家中带来长白参，一早熬制这参汤。我等小户人家之物件，比不得夫人的琼浆玉液。但夫人若不嫌弃，就勉强补补身子吧。"

"哎呀，这如何使得！"韩夫人惊呼道，费力地从榻上撑起身子，"这如何使得！今天是你婚后第一天，竟麻烦你早起为我熬汤！"

"伺候夫人，本是妾身职分，何分时日？"

"哎呀……"韩夫人只是不安地叹道："我俩姐妹相称，以后再别这样了。"

爱娘浅浅地笑着,站起来将参汤放在床头,说:"夫人请趁热喝吧,妾身告退。"然后轻移莲步退出房间,缓缓合上门。

又半月,韩夫人稍愈。"是爱娘照料得好。"韩夫人说着,淡淡地撑起一脸笑意。韩侍郎大喜道:"徽州汪家,送来娇娘,遂了我韩某人纳妾之念,又让夫人痊愈神速,果然是福星啊。又蒙婚时彩礼颇丰,于情于理,当速往拜见。"即命仆从备下厚礼,翌日晨,携夫人与爱娘拜谒汪府。

汪家虽早迁扬州,然十数年来,徽州风味不改:三间四合,层楼叠院,高脊飞檐,粉砖黛瓦,傍小金山,临瘦西湖,在当地卓尔不群,亦算一景。

汪顺达听得消息,早在门外迎候。两相寒暄,一番推让,汪顺达拗不过韩侍郎,只好收下礼品,邀韩侍郎一行人进屋。

韩侍郎漫步入门,绕过照壁,顿觉豁然开朗。但见院落坐北朝南,两层多进,中轴对称,面阔三间。楣枋楹柱,门罩漏窗,砖瓦木石,均精雕细琢,虎鹤麒麟,风光人物,无不形神逼真。庭侧一株老木,枝叶繁盛,苍劲直上。汪顺达领韩侍郎进入正堂。绕过八仙桌,韩侍郎抬头望见上面悬挂着一块淡灰底石绿字匾额,上书正楷"潜悔堂"。壁上一幅山水中堂画卷,两侧挂篆书条屏"壁立高卓缘朴厚,川流盈润在广容"。下方长条几上,东边一个青花釉里红玉壶春瓶,西边一面嵌玉龙凤纹紫铜镜。左右堂柱,木制抱柱楹联赭底黑字隶书道:"漫研竹墨裁唐句,细嚼梅花读汉书。"橡梁檩柱之上,雕花刻镂不绝,直看得韩侍郎眼花缭乱。

"岳丈,您这厅堂虽非金碧辉煌,却也是处处精致,巧夺天工啊。"

"侍郎大人过誉了。若非大人莅临,敝舍怎会蓬荜生辉?大人见过的世面何等气派,我汪某区区小宅,得入大人法眼而不见嫌,已是幸甚。"

"岳丈不必多礼。"韩侍郎摆摆手说:"这屋舍虽无金银粉饰,却另有一番壮阔气魄。若非岳丈数十年打拼,哪得这般家业?徽州商人不可小觑,确是富可敌国。"

汪顺达淡淡地笑道:"岂敢言'敌国'二字,不过是图个足以养家糊口、荫庇子孙罢了。要与祖宗当年在徽州留下的基业比起来,我这里何足道哉!"

韩侍郎又吃了一惊:"我听说您在扬州经营盐业十几年,如今也算是富甲一方,名动江浙,可您却说比起徽州祖业,这里都不值一提?"

汪顺达豁达地挥了挥手说:"那是自然。"

韩侍郎摇头叹道:"徽商实力果然惊人。"他想了想,又诡秘地一笑,"岳丈,我闻'天下熙熙,皆为利来;天下攘攘,皆为利往'。人说'无商不奸',话虽难听,但商人所为,非利而何?徽人经营富庶之道,想来当也是在此处?"

汪顺达顿时沉默了下来。

"大人,"汪顺达重又开了口,"您请看。"他抬手指向壁上的条屏。

"壁立高卓缘朴厚,川流盈润在广容。"韩侍郎念道,"笔力遒劲,音韵和谐,又与这赵孟頫的山水中堂相得益彰,好字好联。"

"大人只知其一,不知其二。"汪顺达道,"朴厚广容,山水大德,即是我徽商立身之本。"

"啊……"韩侍郎一时语塞。

"想我徽帮自东晋以来,迄今行商一千余年,大江南北,何处不曾经得?三教九流,何人不曾见得?千余年而能不衰反盛,非以计诈,乃以德谋。"汪顺达娓娓道来,"徽人行走闯荡,餐风宿露,赚的无非是些脚力钱。将些微薄利,锱铢积累,历数世方成今日气度。一旦出外,数年难归,否则家中也不会有这'瓶镜(平静)'之象以祈福于远行人。"汪顺达又指了指几上的物件说道:"走南闯北而不见怨于民,只是以德留客。若是凭奸诈狡猾招徕客人,欲求片刻暴富,纵瞒得人一时,又岂能得长久利益?"

韩侍郎默然无语。

"大人再请看。"汪顺达将韩侍郎的视线引向匾额,"'潜悔'二字,出自《易经》乾卦'初九,潜龙勿用''上九,亢龙有悔'两句爻辞。潜龙者,颓之极;亢龙者,盛之极。先人留训:无论商海浮沉,皆须不骄不馁。而无论生意成功与否,进不可店大欺客,退不能自贱于人。自是不卑不亢,方能游刃有余。"

韩侍郎若有所思,连连点头。

尽日畅谈。次日,韩侍郎打点起程,虽前路迢迢,却是顺水顺风,不出十日,即赶回京师。原以为正可举家欢喜,不想却又风云突变。

"老爷,老爷,夫……夫人突然昏死过去了!"

"什么!"韩侍郎一把揪起险些绊倒在门槛上的夫人的贴身丫鬟,说:"快——请医官。"

医官切脉时锁眉长考,坐到案前疾笔书就药方,道:"照此方服着看看吧。"

韩侍郎待医官书毕,便将方子叠起,用镇纸玉狮子压在案上,独自送医官出门。

"大人,我知道你要问我话。"医官走出一截,看看周围无人,低声向韩侍郎道:"实不相瞒,夫人寸关尺六脉皆沉,已病入膏肓,回天乏术。刚才开的,无非是虎狼之剂,假使运气不好,也就……若是运气好,起了药效,夫人也许能再多活一个月也未可知——不过也仅限于此了。"

韩侍郎立在那里低头沉思。

医官揖道:"大人不用再送了,下官告辞。"然后就疾步出了韩府。

韩侍郎在那里又立了一会儿后,默默转身回了夫人房间。

"医官说,过了这个坎就好了。"他俯身对夫人细语道。

"老爷去忙公事吧,妾身不要紧的。"

他点点头,起身在屋内转了一圈,悄悄将方子攥进手心里。

"以后每日按之前的药膳给夫人服用。"他以不容置辩的口吻低哑着嗓子命令守候在门外的丫鬟们。他双手背在身后,药方被他狠狠地捏成了破烂的纸团。

是日始,爱娘每日前往夫人房间照料。韩侍郎见夫人有爱娘陪护,也颇放心。未二十日,忽然一夜,夫人从梦中惊起,咯血而殁。

爱妻香消玉殒,韩侍郎的悲痛自不必说。虽有爱娘好心来劝,也难消解苦闷。

"老爷,人死不能复生,您这样一直愁下去,公私事务俱废,又岂是夫人希望看见的呢?"

"唉,我何尝不明白这点。"韩侍郎悠悠地叹着气,"然而即便如此,我心里还是有事放不下啊。"

"不知是什么事?"爱娘轻柔地问道。

"我与她夫妻一场,这回她横遭不幸,天命难违,但我想至少要让她能走得风光体面。"

"说的是。"爱娘点点头。

"但是,"韩侍郎仰头望天,"大小家事,一直由她操持,现在她一去,必然诸事俱废,还谈什么——"

“老爷，如果可以的话，我愿意试一试。”爱娘抬起头，坚定地说。

“你？你……”

韩侍郎将夫人的丧葬之事交给爱娘，但他心里并没有底，只是他长年公务缠身，但凡家事，无论巨细，皆是韩夫人主张，这回实在是没了主意。韩侍郎心想：“爱娘虽来自大户人家，但毕竟是民间女子，这回这么大的事，她怕是应付不来啊。既然爱娘自荐，家中也再无他人适合，只能姑且让她试一试了。”

但是爱娘举止法度之严整，却着实令他目瞪口呆：

招魂既罢，随身灯便焰焰地燃起在夫人脚前。随后数日里，请阴阳看批书、写殃榜、搭彩棚、做斋诵经、挑钱题旌、伴宿燎火、谢孝暖墓……动止有则，礼法俱全。出殡之日，韩侍郎身着齐缞，爱娘身着小功相随，全府上下披麻举哀，缟素如雪，幡仗飘零，凄凄悲悲，满街萧条。道旁见者，无不窃窃喟叹。

韩侍郎见爱娘理事如此井井有条，甚至超过夫人在世之时，心中称奇，自此更是对她另眼相看。此后韩府一应内事，均由爱娘接掌了过去。而爱娘为人极和善，内至仆从，外至庶民，无不闻韩府汪氏贤淑有德，才貌双全，尽皆喜欢。夫人丧期年，韩侍郎挑拣黄道吉日，顺理成章地立爱娘为继室。

从风光嫁女至今，已经过去了三年，而扬州徽商汪顺达府上却越发门庭若市。

这一切都是由于女儿汪爱娘。在韩夫人丧葬之事上大显身手后，她深得韩侍郎赏识，很快被立为继室，成了韩侍郎的正房夫人。女贵父荣，汪顺达即成了朝廷重臣的老泰山，自然身价倍涨。即便他并不在意这层关系，但是也无法阻止同行无形中高看自己一眼。扬州商界拱手祝贺，贺礼频仍之类，自然是避也避不开的了。其生意也更加好做了，因为谁都想沾沾二品大员老丈人的“仙气”。

这确实是门好亲事，汪顺达庆幸自己当年没看走眼。女儿能得今日生活，夫复何求啊！

成化二十三年（1487）八月，明宪宗朱见深驾崩。九月，皇太子朱祐樘继位，次年改年号为"弘治"，是为明孝宗。弘治帝覃恩天下，韩侍郎被升为礼部尚书、东阁大学士，位同副宰相。韩尚书将汪爱娘上报朝廷，朝廷封其为从一品夫人。自此，爱娘贵为诰命夫人。韩府上下，无不心悦诚服。

韩府双喜临门，免不了一番庆贺，迎来送往，爱娘也处理得得心应手，有条不紊。忽然一日，韩尚书唤来爱娘商议，欲下扬州省亲。圣上准其一月之期。汪顺达听得女儿被封为诰命夫人，倒也吃一惊；又闻韩尚书与女儿同回扬州，忙算好日期，清晨领家丁出门数里相迎。

韩尚书旧地重游，心情舒畅，虽然已过四年之久，汪宅依旧一如昔日形象，目光所及，皆有感怀。他与汪顺达翁婿二人漫步庭院，相谈甚欢。

"四年之前，曾在此堂受岳丈教诲，获益匪浅哪。"韩尚书仰首望向"潜悔堂"匾额，感慨万千，"斗转星移，而此处竟一如往昔。难道岳父最近经营不顺？"

"非也非也。"汪顺达笑道，"恰恰相反，近年托大人洪福，生意越发兴隆。至于堂舍依旧，是我多年简朴习性所致。徽州人不好奢靡，只是勤俭持家，积习难改，倒让大人见笑了。"

"原来如此。静以修身，俭以养德。勤俭持家才是正道，前言不过是与岳丈相戏罢了。"

汪顺达微微一笑，带韩尚书穿过正堂。后方一间侧厢，额上书"推山阁"三字，厅内只一张方桌，四只圆凳，灰尘轻扬，蛛网密布，汪顺达问："大人可知此室作用？"

韩尚书细细吟念，不得其解："看来废弃多年，不知何意？"

汪顺达叹口气道："不瞒大人说，老夫少时，亦是气盛，赚些银钱，不几日便丢进了赌局，后来几乎荡尽家财，始惊觉悔悟，痛改前非。这间屋，便是先前与人牌戏相赌之所。现在我留下它，以警示子孙：家财纵有万贯，若不克勤克俭，也是倾散如山倒啊。"

"先前岳丈曾道，诚信经营、不卑不亢，是徽商强盛的妙诀，却原来'聚财容易守财难'，想要兴旺发达，非但要有'开源'之能，亦要有'节流'之念啊。"

汪顺达连声称是："'聚财容易守财难'，正是此理。"

韩尚书无声地颔首，思索了一会，又想起了什么，问道："岳丈，上回交谈受益良多，可我犹有一事不明：天下为商者众多，明诚信懂事理者想来也非徽商一家，但为何其他商户'富不过三代'，却只有徽商能历千年而不倒？"

汪顺达得意地说："说到这里，就是徽商长盛不衰的最终秘诀了。"

"哦？"韩尚书眼睛一亮。

"富不过三代，确实如此。纵有万贯家财，自己创业守业何等艰辛，终禁不住子孙一败。然若代代立业，则又如何？"

韩尚书似懂非懂，问："岳丈可能明示？"

汪顺达缓缓返身，走向高大的堂柱。

"漫研竹墨裁唐句，细嚼梅花读汉书。"他念道，"忠厚传家远，诗书继世长啊。徽人盛馆舍以广招宾客，扩祠宇以敬宗睦族，筑牌坊以传世显荣。贾而好儒，崇文重学，道德传承，重视用教育使子孙都成为合格、可靠的接班人，目光长远以求后世发展，这就是我们徽商长盛不衰的法门。"

韩尚书如醍醐灌顶，恍然大悟，赞不绝口："难怪爱娘知书达理，见识卓群，也只有徽商这样的人家才会育出如此好女子。不枉徽商名满神州，千年字号。昔日文惠君观庖丁解牛，大叹'得养生焉'，今天与岳丈一谈，我也真可学得为官为人之道啊。"

汪顺达哈哈大笑："哪里哪里，老头子信口胡说而已，大人实在是太过自谦了。"他抬眼看了看日色，说："日照当空，家中午宴已备，如不嫌弃，还请大人入席，品鉴我们徽州菜呢！"

此后数十年，汪家盐业驰誉大江南北，汪氏宗族声名卓著。其中非但有汪顺达经营得法之劳，爱娘于韩府大展身手亦是功不可没。汪氏一族率徽商大军广致财源，虽韩尚书辞官还乡，乃至魂归西山，汪氏宗族依旧数代显贵，泽被后人。

捐金保民的文德先生

　　明代有一徽州祁门县人,姓汪名文德,字是修。汪家世代经商,盐业生意从徽州拓展到了扬州,可是汪文德起初无意经商,从小就立志要考取功名,可惜屡考不中,心灰意冷。他觉得并不是自己不够勤奋努力,也许真的是命该如此,于是便随祖父到扬州经营盐业生意。

　　做生意并不比读书容易,但汪文德酷爱读书,善于学习,很快就掌握了经营的方法,通过多年的奋斗,终于积累了一定的财富。然而汪文德与其他商人不同,他认为获得的财富不是任由自己挥霍的,而是要把它捐给需要的人,用在该用的地方。所以他不时地将财物捐献于社会,造福于当地人。其言行受到周围人的敬重,当地人尊称他为文德先生。

　　崇祯十三年(1640),江浙等地连降暴雨,昼夜倾盆,水势骤发,江水决堤,扬州受灾严重,房屋被洪水冲垮了,人们都无家可归。粮商十分狡诈,趁机抬高米价,物价因此翻倍上涨。穷人们只能吃草根树皮,有的人因此饿死。粮商看到此番景象,不为所动,仍然不愿放粮救灾。有的人为了活下来,便走上街头,明目张胆地抢劫财物。扬州周边的农民也闯入市区,夹在市民中拦路打劫,甚至出手伤人。官府人手不够，问题无法解决。扬州城家家大门紧锁，做生意的商家也不敢开门营业，人心惶惶，仿佛天降乱兵，要洗劫这个城市了。

汪文德眼见这场乱哄哄的掠夺之灾，心里很是着急。一天，他在路上遇见一位母亲抱着孩子，孩子脸色苍白，奄奄一息。那位母亲一见到汪文德就跪下来求道："大老爷，求求你救救我的孩子吧！我的孩子饿了好几天了，又发起了高烧。我们家房子被淹了，没钱买米，也没钱找郎中。我……"说着就哭了起来。

汪文德立刻将那位母亲扶了起来，侧身向随行的仆人交代了几句，便对这位母亲说："别哭了，先随我去盐铺休息，那里有伙计照顾你和孩子，郎中一会就到。"

汪文德考虑到类似该母子的乡民肯定还有很多，应该发挥盐业商会的集体作用去帮助这些人，于是毅然召集盐商，商讨捐资赈灾的办法。

他说："本人作为盐业商会的会长，今天召集大家到此，是有一事商议。如今扬州闹灾，民不聊生，百姓们遭难了，粮商们唯利是图，利欲熏心，但我们不应坐视不管，理应伸出援手，缓解灾情啊！我建议每户捐资一半，上交给当地官府，由当地官府发放给当地灾民，诸位意下如何？"

众盐商听到捐资，都沉默不语。过了片刻，有几位盐商主动响应了，但有的盐商仍未表态。于是汪文德又说："世上的钱是赚不完的，赚来的钱是拿来用的，今日不用在扬州人民身上，难道还能带到棺材里去吗？"

"那捐一半也太多了，我只捐一万两银子。"一位盐商勉强地说。

汪文德吸了口气，说："我没有勉强大家的意思，但是我主动告诉大家，我准备捐八十万两。因为我觉得我是来扬州谋生的，是扬州人养活了我,也养活了在座的各位。没有他们,我们的货物怎么卖得掉,钱财怎么进得来?官府平日里对我们也很照顾,运货进城出城从来没有为难过我们,如今凭借官府的力量无法缓解灾情,只能靠我们啊!我们回报扬州人的时候到了!"

经过汪文德的坦诚相劝,盐商们纷纷捐出财物,总共集资了三百万两银子,上交给当地官府。其他行业商人听说了盐业商会集资的事情,也纷纷向官府捐出了财物。官府收到资金,立刻张榜公布,逐一分配给灾民,救活了不少扬州人。一场浩劫就这样很快平息下去了。

1645 年 5 月 20 日,满人总督豫王多铎率图赖、阿山等攻克了扬州城。明军将领史可法被俘,后来拒降遭诛,扬州城彻底被清军占领了。

然而 21 日开始,天降暴雨,扬州变成了一座屠场,血腥恶臭弥漫,到处都是肢体残缺的尸首,一切社会准则都不复存在了。逐渐地,入侵者掀起了一股滥杀无辜之风。一些市民像奴隶一样为清兵服务,替这些入侵者做饭,打扫卫生。由于这种人的生命可以得到赦免,因此其余的人也极力想加入进去,但是被拒绝了。与此同时,大屠杀仍然在继续。

从城墙上跳下去企图逃跑的人不是摔断了腿,就是落到了流氓无赖或散兵游勇手中,他们把这些人抓起来拷打,要他们交出财物。在城里,一些人藏到垃圾堆里,在身上涂满烂泥和脏物,希望以此躲开清兵的注意,但是清兵会不时地用长矛猛刺垃圾堆。大火蔓延开来,那些因为藏在屋子里或地下室里仍然活着的人们,或是被无情的大火所吞噬,或是战战兢兢地跑到街上,被那些仍然在屠城的清兵杀死。甚至那些被正规的清军放过去、赤身露体在街上游转、孤弱无助的市民,又被成群的散兵拦住,乱棒打死。

汪文德看到此情此景十分心寒,不忍再见无辜的市民被杀害,于是筹集黄金三十万两,准备只身前往清军军营。

汪文德的弟弟汪文健得知后,前来商议:"大哥,小弟要与您同行。"

汪文德不同意,说:"清军残暴无理,我们尚不知豫王的为人,此行凶吉未卜,若我有不测,汪家的家业还要靠你打理,你不准去。"

汪文健坚持地说:"不,大哥!今天我不是你的弟弟,而是扬州的百姓,我的兄弟姐妹们被无辜杀害了,我不能见死不救。如果今天不能与你一同前往,我会后悔一辈子的。"

汪文德见弟弟如此大仁大义,感动地点点头:"好弟弟,走吧。"兄弟二人便一同拜见豫王多铎。

在豫王营帐,汪文德恳求道:"大王,今日之天下是大王的天下,扬州的百姓是大王的子民,恳请大王手下留情,不要再杀无辜的子民了。"

豫王面无表情地摇摇头:"本王的子民是效忠我大清的子民,如果这些人与那史可法一样,无意归降我大清,你说该如何啊?"

汪文德立即命人抬了一批箱子进来,继续乞求道:"这是献给大王的一点心意,愿大王笑纳。"

豫王走上前逐一打开箱子,看到里面都装满了黄金,脸色立刻缓和了许多。

汪文德紧接着说:"这里是黄金三十万两,代表我兄弟二人以及全城百姓对大清的忠心。现在城里剩下的人都手无缚鸡之力,对您毫无威胁。如果您继续屠城,今后的扬州便是一座空城,昔日商业繁华景象将不复存在了。请大王三思。"

"哈哈。"豫王笑道:"文德先生乃仁义之士,本王愿遵从你的建议,保全当地百姓!"

　　汪文德当即双手抱拳,向豫王拱一拱手,道:"多谢大王开恩,为扬州百姓造福。"

　　豫王摇一摇手,问道:"义士,以后扬州的建设需要二位这样的人才,本王授你们官职,愿领吗?"

　　汪文德双膝跪地,拜谢道:"小民无才,难负大王重任,请赐小民回归徽州故里,实乃万幸。"

　　豫王欣然地点了点头,当即发给汪文德兄弟俩一个令牌:"有此令牌,你们一路将畅通无阻,沿路军均会放行,二位可即刻启程。"汪文德谢过豫王,接过令牌。

　　汪文德回到店里,细细地盘算了一下,收藏好留用的金银和来往生意账册,又叫来账房先生,对他说:"从我执掌盐业以来,你一直是我的得力助手,我虽捐了黄金给豫王,但今后扬州的情况无法预料。"

　　"文德先生的知遇之恩,在下一直铭记于心,先生需要我做什么,尽管直说。"账房先生说道。

　　汪文德拍拍账房先生的肩膀,道:"如果我离开后,屠城结束,你就好好守着店铺等我回来。如果豫王是个言而无信之人,我们盐业的资产不能再让他夺去,明白了吗?"账房先生点点头。之后汪文德兄弟二人就拿着豫王的令牌离开了扬州,平安回到故乡徽州。

　　所幸,汪文德担忧的情形没有实现,豫王收下三十万两黄金之后,5月25日命全体清军封刀,停止屠城,整顿军纪。和尚们得到命令开始收集和焚烧尸体。到27日,官府开始向百姓赈济口粮,并出资修缮房屋。又过了几天,暴雨终于停止了,太阳也出来了。就这样,汪文德不但保全了扬州百姓,也保全了自己。

　　清朝建立后,社会逐步安定,汪文德兄弟俩又回到了扬州,重振旧业,数年间,又积攒了百万两黄金,大大超过了他们当初的献金。

《扬州府志》里记载着汪文德兄弟俩献金保民的美德故事。

徽派民居门前的"抱鼓石"

笃守"善者生财"的徽商

　　许鈇（1496—1561），字德威，明代歙县东关人。许鈇是万历年间内阁二辅（第一副宰相）、礼部尚书、文渊阁大学士许国的父亲。许鈇年少时喜欢读书，为人忠厚老实。等到他年少初长成，便带着一些资金跟随在他的叔父许汝弼的身边学着做生意。许汝弼，字友山，在苏州做生意。因为许鈇细致用心，办事踏实，聪明好学，不久便被他的叔父委任管理店里的财务。

　　他的叔父许汝弼起初没有儿子，到了中年的时候苦于没有子嗣，就同家人协商着将哥哥的小儿子，也就是许鈇同父异母的弟弟许钰过继到自己名下，于是许钰就成了他的子嗣。后来，许汝弼自己也生了一个儿子，取名为许金。这样一来，起初没有儿子的许汝弼一下子就有了两个儿子。

　　许汝弼是一个生性放荡的人，做生意起家后一直沉迷于玩乐之中，对吃喝也特别讲究，还时常出门四处游说，因而常常不在店中，对店里的生意也不怎么上心。许鈇为人老实肯干，一直管理着店中的大小事务，于是便替叔父打理起了店铺的生意。许汝弼见许鈇兢兢业业地掌管着店务，对店内账目的进进出出、生意的细枝末节都了如指掌，他也十分放心和欣慰。久而久之，店中之事基本都交由许鈇掌管。许鈇认真本分地替叔父打理家业，生意做得也越来越红火，年年都有盈利，日子过得很是安稳，不愁吃穿。

这生意做得风生水起，许鈇在生意上投入了大把的精力。但他从不忙里偷闲，平时一有空闲，便喜欢寻找一处清净之地手捧书卷修养身心。他还爱好写些诗词佳句，做做文章。因此，他在商界拥有很不错的口碑，方圆百里人人都知晓有个许鈇，既有经商头脑又才华横溢。就这样，许鈇的声望和文名也逐渐传开。

但是，过了不久，有噩耗传来——许鈇的叔父许汝弼在游玩途中，因游乐过度、旅途奔波，突然病死在异乡。许鈇得到叔父过世的消息，带着悲痛的心情马不停蹄地前去收殓叔父的遗体，并将棺材运回老家。对于叔父突如其来的病故，许鈇一大家人很是伤痛。许鈇体面安葬了叔父。在这沉痛的气氛中他对叔父的丧事亲力亲为，尽足了孝道，也让叔父入土为安了。

叔父许汝弼病故后，店里的生意完全要靠许鈇一人支撑。叔父不在了，他更是尽心尽责，不忘叔父对自己的培养恩情，仔细打理着叔父名下的店铺，不敢有半点懈怠。因为减少了叔父吃喝玩乐等各项费用，许鈇有更多的钱去好好经营生意，店铺被他打理得井井有条，有声有色。几年来，收入成倍增加，许鈇的生意越做越大，家里也越来越兴旺。这样衣食无忧的生活让许鈇很满足，也算是对得起叔父的在天之灵了。在许鈇游刃有余地掌管店务之时，他还有不少闲工夫学习诗词礼义，生活得很惬意。他的家庭也算和谐，这样的好日子是人人所期盼的，邻里乡亲们无一不对许鈇报以赞扬和羡慕之情。

可是好景不长，过了几年后，许金渐渐长大了，他对于许鈇一手管理自己父亲店里的生意开始生出不满。许鈇看出了弟弟的不满，也感激叔父当年对自己的信任及栽培，就主动把店产与店务交给了许金管理,自己仍然担任一个账房先生的角色。许金心里这才算勉强平衡了。

可是许鈇这样的处置方式又让许钰觉得很不公平,许钰细细琢磨了下,怎么想都觉得心里不痛快,怎么也坐不住了,便找到许鈇,面红耳赤地同许鈇争论。他气急败坏地说道:"虽说许金是父亲的亲生儿子,但他不懂经营,你怎么能将店产交给他管理?虽然我不是父亲的亲生儿子,但与你却是同父异母的兄弟,你我之间的关系自然应该比你和他亲厚,可你却将店产和家财分给了他,只留我一个人过这穷日子,这是个什么道理?且不说别的,至少父亲的财产我也该占上一份,既然给了他,自然也不能少了我的,这样才叫做公平!"许鈇面对弟弟蛮横地讨要财产,为了家里和谐相处,便好声好气地同许钰解释商量。

许钰却一心觉得许鈇是想拖着不分自己的那份钱,心里越发不满起来,索性将许金、许鈇告上衙门,并且还诬告许鈇侵吞了许汝弼的店产和存金。许鈇万万没有想到自己的弟弟竟然会为了一点家产争得不可开交,还将自己告上衙门。许鈇做人一直老实本分,也很注重自己的名声,他觉得兄弟逾墙的事情传出去不好听,又害怕邻里们对家里的事情指指点点说闲话。于是思前顾后,本着家丑不可外扬的传统思想,许鈇只好把自己的股份分割出来交给许钰管理,想要以此了结这桩官司,恢复家里的和睦。

然而,他将股份分给许钰的事情被许金知道后,许金也要均分。说来这许金也真的是贪得无厌,他为了获得更多的好处,遂而也诬告许鈇侵吞其父许汝弼的店产及存金。许鈇真的是百般无奈,纠结了半天,实在想不出什么好办法,只能再次妥协,采取息事宁人的办法,又把自己仅剩下的一点股份划给许金管理。就这样,老实巴交的许鈇在两个弟弟的争夺下转让出了所有的股份,一下子失去了属于他的那份店产和存金,纯粹成了许金手下的一个伙计,靠着微薄的薪金勉强度日。

邻里亲友们把许钰、许金争夺许氏家产、不顾兄弟情谊的做法都看在眼里,对他们的行为不齿,私下里纷纷为许鈇鸣不平。他们劝说许鈇:"你做什么这么老实呀,怎么不为自己辩白呢?就算是上了衙门,咱也有理有据啊!这许家的生意都是你一手操持的,兢兢业业地干了这么多年,好不容易积攒下这些家当,且不说你叔父的尸骨是你收敛的,孝期是你守的,就连着你那两个不争气的弟弟也算是你一手养大的,你有什么对不起许家的?按我们说啊,这许家的家财本来大部分都该归你,可你呢,偏偏耳根子软,人又老实本分,就这样一份一份地给分了出去。这两个不识好歹的东西,他们还不念着你的好,倒是变本加厉起来,你呀,也就由得他们诬告吗?就算这官司真的打起来,咱们这乡里乡亲的,这么多年来,谁不把你这些年来的辛苦看在眼里啊,这族里的人都会为你讲话的呀!现在可好,家产都给了那两个小子,你这么多年来的辛苦就这么拱手让人了,我们先不说你怎么办,就说说那两个浑小子,他俩能做什么事,这家产啊,怕是早晚得被那两个不争气的给败坏光了。我看你呀,就是对他们太好。你自己以后该如何是好啊,哎……"

许鈇对于乡亲们的愤愤不平总是含笑不语,在被乡亲们多次念叨后,他一再感谢乡亲们的热心并解释道:"谢谢大家的好意,幸亏大家也都知道我许鈇的一片忠心,我许某人在此也感谢大家伙儿对我的信任和帮助。大家也都知道,我小的时候算是叔父教给了我经商的门道,对于叔父的大恩大德我一直铭感于心,若不是叔父,就没有如今的许鈇。这许家的家财,我一直当是替叔父经营的,从来没想过要去侵占它,也不敢私吞一分一厘。既然如此,那我为什么要吝啬这份家产呢?我是绝对不会辜负叔父对我的信任的。现在我虽然日子过得清苦了些,但是我对得起自己的良心,这日子虽没有往日富贵自在,倒也算过得心安舒适。况且,我也算是有门手艺的人,想要混口饭吃还是不难的。至于我那两个弟弟,我相信'善者生财,恶者败财'之理,只是时间未到罢了。现在只要乡亲们能信任我理解我,我便觉得安慰了。"就这样,许鈇辛辛苦苦经商几十年的所得,被他那两个不懂世事的弟弟瓜分得一干二净。

此时的许鈇早已没有了年轻时那样的旺盛精力,他为了养家糊口,无奈之下开始四处奔波,试图向一些以前的债家收回债务。然而许鈇虽常年经商,却对收债的事情不熟悉,没有半点经验。这些债家一个个都推三阻四,看起来似乎个个都不是贫困户,好说歹说就是咬定了自己没有钱还债。许鈇忙活了数天,碰了一鼻子灰,也没有收到一厘钱,只好空手回到老家。一下子失去了生活来源的许鈇不知该如何是好,他的日子过得愈发艰难,只能靠着妻子和儿子的劳动勉强度日。

许鈇的妻子汪富英是一位心胸宽大、敢作敢为的能干女子。当许鈇一度陷入"贾无以为资"的困境,想要打退堂鼓的关键时刻,汪富英果断拿出了自己当年陪嫁的所有私蓄和耳环首饰之类,给许鈇当做生意的经营资本,鼓励他东山再起。同时,她还为许鈇在商战中出谋划策,帮助丈夫打理琐事。在"家难,资产尽倾"的困厄之时,汪富英又勇敢地担起主持家政的重任。即便许鈇后来生活得穷困潦倒,没有早年安逸舒适,但他有妻儿的支持,有一家人相互扶持、相互鼓励,他仍然保持快乐平和的本心。他的妻儿也一直没有怪罪于他,在他最艰难困苦之时有妻儿不离不弃的陪伴,他已经很知足了,所以对于当初将财产全部分给两个弟弟没有表现出一丝一毫后悔的样子。

许鈇晚年的时候,一切都不如早年的光景。他的身体开始出现问题,每况愈下,视力也逐渐下降,到最后双目失明,彻底失去了劳作的能力。被迫无奈,他只能窘迫寒酸地病居在茅草棚里,依靠邻里们热心的资助度过晚年。即使经历了生活如此的摧残,他仍然保持着自己高尚的品性,每天坚持焚香默坐,口中默默吟咏着唐诗宋词中的绝妙好词,学习着诗词中旷达的心境及高洁的志向。他一直虔诚地学习直到病终,从没有为生计忧愁过一天,始终生活得充实而怡然自得。

许鈇不仅会自我陶冶情操,而且也很重视对自己孩子的教育培养。在经商期间,他从不忘聘请有名的教书师傅来教育儿子许国读书做人。他一向认为:做生意只是为了谋求好一点的生活,有吃有穿又能怎样,不过是满足一时之需而已,始终上不了大台面,只有读书读的多了,道理知晓的多了,才能够学会更好地做人,将来才会有大出息,才会做一个对国家和百姓有用的人。

所谓"贾而好儒",说的正是许鈇这样的人。他的儿子许国始终铭记父亲的教诲,不辜负父亲的期望,一直学习勤勉,踏实认真,对于父亲的细心栽培和良苦用心很是理解。许国在十八岁那年便考中了秀才,到了三十五岁的时候考中了举人,而且还是第一名(解元),三十九岁时又考中进士,以后官至内阁二辅(第一副宰相)、礼部尚书、文渊阁大学士,最终成为一人之下、万人之上的朝廷重臣,而许鈇也被诰封为五品官衔,荣耀至极。邻里乡亲们知道了这件事,纷纷感慨许鈇为人心善,待人谦和有礼,又忠厚老实,终究算是好人得了好报。

相反,当年同许鈇争夺店产和存金的许钰、许金两兄弟真是验证了许鈇当年的那句话——"善者生财,恶者败财"。他们对生意上的事情一窍不通,不善待人,再加上常年挥霍无度,许家的家财很快便被挥霍一空。而且他们心性贪婪,心胸褊狭,还未到中年就撒手西去,徒留下恶名与骂名。

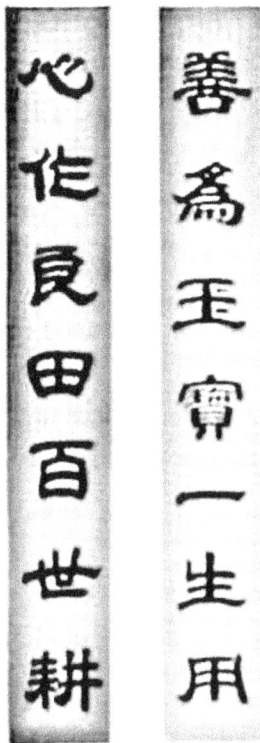

善为至宝一生用

心作良田百世耕

徽州楹联

秉礼和气生财的徽商

儒家伦理中"礼"相对于"仁"而言,是外在的伦理行为。孔子说:"和为贵。"孟子说:"天时不如地利,地利不如人和。"要营造"和"的环境,"礼"无疑是一种手段。因为"礼"是协调人际关系的行为手段,它要求人们的活动符合封建社会的道德伦理规范。不过,它同时也是一种交际方式和行为能力,尤其在商业营销活动中,讲求"礼"变得尤为重要。

"分争者不胜其祸,辞让者不失其福",徽商对这一点早就有清醒的认识,在他们看来,以礼待人不仅是行为规范,更是一种交际能力,是市场营销的一种方法与手段。以礼待人,可以使主顾达成一种和谐的人际关系。因此,以礼待人还是一项专门的学问,徽商在子弟或下属、伙计正式参加商业活动前,都要求他们必须学习怎样以"礼"待人。

那么"礼"具体到市场营销行为中,其效果如何呢?

一方面,从"礼"的要求出发,徽商要求自身的营销行为符合社会道德规范并遵纪守法。

歙县商人唐祁,因善于经营而致富。唐祁父亲曾向某甲借了一些钱,几年后唐祁父亲去世了,某甲来要债。但是某甲把当年借债时立的字据给弄丢了,也就是说人证、物证他都没有。若换个奸猾之人,肯定会矢口抵赖,但是唐祁却说:"字据虽然没有了,但是借债的事确实有。"他毫不赖账,将欠款如数偿还给某甲。然而事情并没有因此而完结,过了不久又有人拿着当年的借据来向唐祁要债。唐祁明知这人是在欺诈,但是他手里有确凿的证据——借据。唐祁说:"我父亲绝没有向你借钱,你说的借钱的事虽然是假的,但是你手里的借据却是真的。"于是他依旧给了来人所谓的"欠款"。这件事很快传遍了大街小巷,人人都当作笑谈,但是唐祁毫不在意,他说:"那人(某甲)当初借钱是为了帮助我父亲解燃眉之急,这种热心我深受感动,当然要牢记于心。他虽然没有字据,但我决不抵赖。"对于某甲失了借据来讨债,唐祁认为事实存在,而且恩情当报,所以坚决还债,这是从道德规范的角度来要求自身行为。而对他人拿着借据来讨债,虽然明知是假,但是物证却是真的,唐祁也依旧"还债",这则是从法律的角度来要求自身行为。总之,无论是真是伪,只要合"礼"便去落实。将这种"礼"中所体现出的亲情、友情、道义之情融入市场营销之中,还有什么比这更能打动人呢?规范市场大众化秩序,引导市场人性化行为,倡导市场温馨化营销,还有什么策略比"礼"更适合呢?

另一方面,徽商坚持以礼待人,以礼结交人,主张商业经营应该"和气生财"。

徽商经营活动的区域非常广泛,而且经营的商品品种众多,因此,他们不得不与各地各行业的各色人等进行广泛的交际。与之打交道的人物可谓繁杂,上至皇帝、高官、贵族,下至地方官吏、乡绅以至形形色色的大众百姓。为了使交际圆满成功,以礼待人是最基本的要求。徽商日常生活的种种礼节规范,如公共场合与人交流、接待客户的礼节,徽州人自学徒开始就不断受到专门的培训、灌输和教化。如与客户交流时，要恪守道德，讲礼貌，不准与客户争吵；客人面前，只能站立，不准坐下；不准在店内看书、聊天和高声喧哗；不准私拿客户财物；等等。徽商受这些培训之后，进入市场营销中，自然处处克己守礼，待人谦和，以客户满意为职责。

如徽商郑崇学在南京经商几十年，以礼待人。他奉行为人要谦和，与人相处能够容让，以不搞欺诈为营销职责。他的这些言行深得人们的信赖，生意也就蒸蒸日上。徽商凌和贵在武汉经商，在当地，上自达官绅士，下至百姓无赖，他都能够做到以礼相待，与地方官吏来往更是融洽。这些交往，无疑能够给徽商创造一个良好的营商环境，甚至还会带来政治上的种种关照、经营上的垄断特权以及巨额的利润回报。

从传统文化倡导的价值观看，中国社会是以儒学为指导思想的社会，重视社会价值，轻视或漠视个人价值，把个人的行为上升到社会道德的范畴。"君子和而不同，小人同而不和"，在社会道德的框架下，人们努力做一个追寻"礼"的正人君子，而不是追逐世俗利益的"小人"。这种价值观的外在表现是"重义轻利""舍利重义"。徽州商人对"义利观"的强调和重视，往往为后人所称道，人们据此认为徽商是讲求"以义为利"的商人群体。不管是内在的以"仁义"为做人根本，还是外在的"重义轻利"的社会价值观追求，总之，徽商在商业经营中能够坚持以"礼"为立足点和出发点，坚持谦和待人，以礼服人，在"礼"的和谐氛围中达到致富的目的。这些经营准则为他们在异地他乡经营活动的顺利开展，以至于战胜竞争对手，赢得客户的赞誉，无疑是有极大帮助的。

不过，"礼"的概念是历史的产物，不同的社会、不同的阶级对"礼"的内涵的理解是不同的。徽商是有封建性的商人，因而他们观念中的"礼"带有很大的封建性，有些部分对今天来说已成为糟粕，因此我们要以历史的、辨证的态度去对待。不过,徽商以礼待人、和气生财的商业精神,还是值得我们借鉴的。

和气生财

"善为宝"与"仁是安"

　　明代有一位朝廷命官叫汪接,他要前往休宁县任职,于是带领着他的家族从婺源县迥峰里迁居至休宁县西门。后来他的子孙也一心从政,跟随汪接走上仕途。到了汪汉这一代,汪氏在休宁县虽不算十分富有,但已是名门望族。他的七个儿子中,有六个考中进士,均在翰林院任编修一职,主要负责编撰国史。

　　汪叔铭在汪汉的儿子中排行老三,他是唯一没有考中进士的,所以只好在家里管理祖传家业。恰好汪叔铭有经商的天赋,善于营销,于是开始做生意。通过他的努力,汪家的家业逐渐扩大,算得上富甲一方了。汪叔铭的后代延续汪氏书香门第的传统,热爱学习,希望能走上仕途,但始终没能在朝中为官。

　　汪进从小听父辈讲述汪氏的历史,他发现每个人不管有没有那个能力,都立志从政。可是做官虽然有名望,受人尊敬,但必须清正廉洁,如果想变得富有,只能以权谋私,那么就失去了做官的意义。汪进心想:曾祖父就放弃科考开始经商,因为他汪氏才有如今殷实的家底,我不在乎做官的权利和威名,只想做一个商人,用我辛苦赚取的正当财富去济世救贫。于是汪进毅然决定弃儒从商,跟随宗族亲友到扬州经营盐业生意。通过数年的努力拼搏,汪进终于成为了日进万金的商人。他将财富带回家乡，修路、建学堂等，做了很多善事。

汪进有个儿子叫汪寰，颇受汪进喜爱，但他从小清瘦多病，所以汪进常常将他带在自己身边。耳濡目染，汪寰便将父亲常说的话记在心里："人心清淡，心安体健；人心浮躁，心烦寿短。"

一日，汪寰与父亲在宝善堂读书，父亲突然想出一幅上联考考他，便说："宝善堂中善为宝。"意思是："居住在宝善堂里的人，要日行一善，乐善好施是人生之宝。"

汪寰立即应对道："安仁宅内仁是安。"意思是："生活在安仁宅里的人，要有仁爱之心，只有仁爱，人生才能平安。"

父亲听完十分开心，觉得儿子长大了，懂得做人的道理了，便在汪寰的兄弟间夸奖他，因此，汪寰在兄弟中被尊为"白眉"。历史上，白眉是三国时期，蜀汉大将关云长军中的参谋马良，以为人忠厚、有勇有谋著称。

多年以后，汪寰已长成风度翩翩的少年。他虽然一直刻苦读书，但是科举考得不理想。然而他生性豁达，乐善好施，喜欢结交贤良义士，每日来拜访他的人很多，他房门外的鞋子都常常排一大片。

有一日，汪寰与友人骑马到城外游玩，看到一个人躺在路边，奄奄一息。他出于好心，下马将那个人搀扶起来，刚想询问他有没有受伤，那人却趁他不注意，将他的马骑走了。身边的人都建议他立刻将人和马追回来交给官府处置，汪寰却摆摆手，不予追究。

过了几日，汪寰碰巧又遇到了那个抢马的人，那个人吓得立刻跪下来磕头求饶，汪寰道："我今天不是抓你去见官的，只要你答应我一件事。"那个人连忙点头答应。汪寰从腰间掏出一袋钱说："只要你答应我，今后再也不会用晕倒骗取别人的钱财，这袋钱就是你的了。"

那人不敢相信地问："你不抓我,还给我钱,为什么啊?"

汪寰答道:"今日你装病欺骗别人抢来财物,长此以往,真正需要帮助的人就没有人敢出手相助了。"那个人自知惭愧,答应了汪寰的要求。

汪寰乐善好施、宅心仁厚,常常救人们于危难之中,因而名声传遍州府。

后来汪进病故,按照宗族的规定,汪寰继承了父亲的产业,独自前往扬州执掌盐业。朝廷听说汪氏的盐业换了掌门人,特地派来盐运使打探。盐运使看他年纪轻轻,像是一介书生,就想在盐商大会上为难他,于是对他问这问那。汪寰沉着应对,侃侃而谈,无一差错,不仅是盐运使,连盐商们都十分惊讶,纷纷问道:"先生为何如此对答如流,能言善辩呀?"

汪寰说道:"我跟随家父身边多年,家父忙时,我帮助家父打理盐务,家父闲时,我趁机读书,攻研朝廷公文,久而久之,自然融会贯通了。"

盐运使感叹道:"都说汪氏名门望族,书香门第,果然各个才华出众。昔日常与令尊打交道,今日发觉先生是青出于蓝啊!"

从此,汪寰在扬州的盐业生意做得很顺利,财富滚滚而来。他结交贤良义士、乐善好施的性格没有变,所以扬州府里的士大夫们常常登门请他资助公益事业。汪寰一向慷慨大方,有求必应。

明代万历十六年(1588),休宁县因为洪水冲垮了木桥,使许多前往齐云山道观的香客被阻挡在横江对岸。汪寰得知家乡需要资金支持,便捐献出一百万两银子,建成石拱"登封桥",以方便香客上山。当时道教盛行,齐云山上的道观香火旺盛,游人香客摩肩接踵,汪寰又捐资维修了尊经阁,修建了华阳道院和道德院,并在道院内赡养孤寡老人……如此等等,因此休宁人都尊称他为汪善人、汪仁公。

汪寰在扬州经营盐业生意五十年,大半生都在帮助别人,积累的财富多数用在公益事业上。人至暮年,他想将事业移交给儿子,自己可以颐享天年,但又觉得他们成日游手好闲,没有继承家业的能力。汪寰正在为此烦恼时,他多年的得力助手来找他议事。商议的过程中,他的助手面对汪寰的问题应对自如,不禁让汪寰回想起初出茅庐的自己。他对助手说:"我那几个儿子不争气,今后盐业的发展就靠你了,我的位置从今以后由你来坐。"

助手想要拒绝,却被汪寰阻拦。助手承诺代理汪氏管理盐业,直到汪氏想再次接管为止。最后,汪寰将祖传的盐业委托给跟随自己多年的助手掌管,自己回乡安享晚年。

五年间,汪寰完全没有理会过盐业的生意,过着清净平淡的生活。直到有一天,一位在扬州经商的老乡前来拜访他,老乡心事重重地说:"仁公,如今盐业的生意如何,你真的毫不关心?"

汪寰满不在乎地说:"我要是在意,肯定会死死地守在扬州,当初也不会回乡养老了。"

"可是……"老乡欲言又止了一会儿后,还是说道:"你当年选的掌门人,他暗地里玩弄手段,把你家的盐业都转到自己名下。前不久你家大店关门倒闭了,原因大家都不清楚,你要赶紧去扬州彻查账目啊,不然就来不及了。"

汪寰说道:"钱财乃身外之物,就当是被老鹰叼走了,大丈夫身在天地之间,万事万物皆了然,何苦为了钱财耿耿于怀。要怪只能怪自己当初没有看清他,才落得今日的地步。"

"那被他卷走的财产你都不追究了吗?"老乡问。

汪寰答道:"就当我做公益事业了,他拿那笔钱做什么都与我无关。"老乡好意劝说,汪寰仍然丝毫不放在心上,老乡只好离开了。

从此以后，汪寰的财富越来越少，生活也变得清贫。汪寰的儿子们整日在家争执，抱怨父亲。

"当初如果父亲让我执掌祖业，现在我们一大家子肯定在扬州住豪宅。"

"如果父亲让我继承，别说一家子住豪宅了，我们兄弟每家都有自己的府邸了。"

"父亲也真是，那小子私吞了我们家的财产，父亲居然不予追究。"

……

汪寰终于对这些怨言感到厌烦，于是劝告儿子们："你们有能力有本事，就靠你们自己的双手去重振家业吧。我们的祖业也是靠祖先们自己的勤劳与智慧创建的。你们成日就会游手好闲，从来不脚踏实地，现在你们要凭自己的本事做出一番事业来向我证明自己。"

儿子们自知惭愧，不愿再打扰父亲，于是借钱出去谋生。

汪寰仍与以前一样，两耳不闻窗外事，每日同知己好友游吟于松边，漫话于竹径，自得其乐。就这样不知不觉地过去了二十年，汪寰已经活到九十岁了。

一日，汪寰在梦中想起了他曾经信任的助手将自己的家产全部转走的事，于是蒙眬中追问身边的人："我那个喜欢玩弄手段的继承人怎么样了啊？想必也老了吧，我们好多年没见了，真想跟他聊聊天呢。"

身边人一时没反应过来，愣了一会儿后，答道："那个人呀，听说后来还是败光了从你名下转走的财产，从此一蹶不振。他一生做了这么缺德的事，老天爷早就叫他还账去了，不在人世了。"

汪寰听罢，也不觉得生气难过，只是"啊啊"了两声，好像还在梦里一般。回想一生，汪寰淡泊名利，行善积德，厚德载道，真正做到了"宝善堂中善为宝，安仁宅内仁是安"。

徽商经营的同德仁店铺

以义为利的市场营销

受儒家义利观的影响，徽商绝大部分人都倾向以义为利的价值观。在日趋激烈的市场竞争面前，为了能够博得广大生产者和消费者的欢迎与支持，徽商更是高举以义为利的市场营销大旗，这使得他们在生意场上能够左右逢源，处处受益。徽商以义为利市场营销策略的一个表现就是以薄利取胜。

话说明代嘉靖年间徽州府休宁县有位年少俊才名叫程琐，生平喜好读书，虽然年幼，却已显露出聪明才干。他刚成年，就跟从乡里文士学习。按说这样他会顺理成章地通过读书参加科举，以后可能走上官场之路。可是天有不测风云，家遇不幸，他的父亲在外经商，竟病死在淮海。程琐就弃学赶往淮海。由于走得匆忙，身上带的钱不够，无钱乘车乘船，他只好徒步行走。他身上也没带干粮，又遇到天气骤然降温，身上的衣服单薄……总之一路上他忍饥挨饿，受了无穷的苦累，最终到达淮海父亲病死之处。他父亲身上所有的钱都已借给了别人，只剩下一堆借据。然而这些借据依然惹得不少人眼红。程琐什么也没说，就将父亲身上的借据全部拿出来，当场全部焚毁。父亲现在剩下的只有老枥树下栓的一头驴，还有几千枚铜钱而已。程琐几乎徒步跟跄奔丧回家，他把钱全部交给了母亲。安葬了父亲后,程琐已经瘦骨嶙峋了。按风俗,他要给父亲守孝三年。三年中,程琐独居一室,足不出户,不时拿出书本阅读,坚持不荒废学业。母亲劝导他说:"我们老少贫病无所依靠,不能老是靠人接济。你已经长大,应该承担家庭的责任了。养家糊口,也不能仅把希望全部寄托在读书这一条路上。"程琐明白母亲话中的意思,于是他放弃了学业,召集同族中十几个兄弟出外经商。

当时程姓商人在外处于鼎盛时期,程姓子弟竞相攀比奢华。程琐却与同伴共同盟誓绝不奢侈,一定要吃苦耐劳共创事业。经营中,他们坚决不谋厚利,坚持以义取信,采取薄利多销策略。经过一段时间的努力,他们的商业红火起来,人人都发了财致了富。

到了中年,程琐来到应天府溧水从事钱庄生意。在溧水钱庄有一俗规,就是春天借贷给贫困户,到秋收之时,就要以几倍的利息收回。程琐虽然在溧水从事借贷生意,但他却没有按照当地的俗规去办。他收取的利息一年到头都不会超过十分之一。那些小农户纷纷传颂他的仁义,个个争先恐后地到他那儿借贷。如此一来,程琐虽然不以高利息赢利,但薄利多赢,依然获利丰厚。

这年五月,市场上粮食价格下跌,粮农损失惨重。众多粮商拼命压低价格收购粮食,不许抬高粮价。惟有程琐提高粮食收购价,粮农纷纷把粮食卖与程琐,从而降低了损失。第二年又逢灾荒,农作物歉收,市场上粮价一下子上涨了。程琐拿出上一年收购的粮食卖,但他坚决不提高粮价,仍然以往年正常价格卖。溧水全境百姓无不对程琐歌功颂德,借贷、买卖无不争相奔赴程琐处。

程琐的店铺每天都门庭若市,他不得不决定扩大门面,部署子弟到各处开设分店分铺。没过几年,他的生意就遍布今苏浙一带。

其实,在徽商当中类似程琐的人不计其数,他们的生意就是靠薄利多销而越做越大,越做越红火。就以典当行业为例,当时有文章记载,在南京当铺总共有五百家,其中主要是由两种人开设,一是福建人,一是徽州人。福建人一般资本少,开设的当铺收的利息就高,一般要收三分至四分的利息。而徽州人一般资本雄厚,所以他们收的利息非常低,一般只有一分至二分。所以当地人不喜欢到福建人的当铺借贷,而徽州人的当铺就广受典民欢迎。如此一来,福建人的当铺自然就竞争不过徽州人的当铺了。

不过,徽商中也有少数人因贪婪图利而最终弄得倾家荡产。现举两则事例,以与前者作个比较。

明代万历年间,一位徽州粮商从湖北贩米到苏州去卖。这一年天大旱,许多农家田地米、麦颗粒无收。市场上粮食紧缺,米价上涨到每斗一百五十文钱。这位徽州粮商一下子获利四倍之多,然而他还不满足,仍把剩下的米囤积于仓,等待更高的价格。他还请来一位道士占卜,算算米价何时再升。这位道士对他的贪婪非常气愤,于是便决心捉弄他。道士口中假意念念有词,随后便用笔写出一卦:"丰年积谷为凶年,一升米粜十升钱,天心若与人心合,头上苍苍不是天。"又判:"着火部施行。"这位粮商拿着这副卦,不知是什么意思,还在细细琢磨时,道士便急急朝外走,他还没有走出门,一场大火便从粮商的粮仓烧起来。结果,粮商的米被烧得颗粒不剩,但是附近其他百余座粮仓却未被波及。这个故事当然带有一定的神话色彩,故事作者为了宣扬天理报应,故意增加了这件事的神话色彩。透过现象看本质,也许正是由于粮商的贪婪激起了民变,有人纵火焚烧了粮米,让粮商血本无归。

还有一则故事说的是徽州两位富商。这两位富商一个姓程,一个姓汪,他俩都家财万贯,但是都品性吝啬。他们与人买卖,都是精打细算、锱铢必较。正是由于他们做人苛刻,不仅外人鄙夷他们,就是本族亲友对他们也是恨之入骨。结果,汪商无子,他生病将死时,族人争着来分他的家产,将其家产抢夺一空。奴婢们也是抢的抢,拿的拿,四散而去。只剩下汪商躺在床上无人照应。汪商抬头四顾,看看万贯家财被抢夺一空,长叹一声,饮恨而死。程商虽然有三个儿子,但是他们个个不成器,长子贪赃枉法,被仇家抓去杀死,剩下两个儿子和五个孙子都被起义军杀死。程商最后也是茕茕孑立,形影相吊,孤苦而死。

徽州木雕

颇具特色的徽商广告

广告是扩大商品知名度的重要方式，明清时期商业广告宣传已相当普遍。明清时期徽商纵横大江南北，商铺几遍宇内，其独具特色的广告文化，至今依然颇具深味。

商铺店堂是传统商品交易最直接的场所，也是经营者展示商品广告的最常见之地。徽商在店堂广告设计方面算是煞费苦心，布置起来也不遗余力。

若把店铺比作脸面的话，那么牌匾（亦称"招牌"或"幌子"）可以说是店铺的眼睛，是首先吸引消费者眼球的地方，也是展示经营者文化水准的关键点之一。徽商一向以"儒商"自居，为展示自己的文化水平及经营宗旨和经营道德，他们极其重视牌匾的外在形式及文字。他们常不惜重金聘请书法家或本地名流为其题写牌匾，如歙县商铺"方泰"，其牌匾长一百九十厘米，宽八十三厘米，老漆黑底，金字题裱，运笔如风，遒劲有力。更为少见的是每个约五十厘米见方的字上又分别裱有各种图案和云纹，并题有各种吉祥语。现在留下的百年老店"同德仁"药店、"程德馨"酱园、"胡开文"徽墨老店等，其店名牌匾都是耀眼的黑底金字装点，书写秀逸。这些老店招牌有它们独特的行业性、含蓄性和艺术性，经营信誉高，容易取得顾客的信任,名驰遐迩,经久不衰。

　　商铺楹联也是要精心布置的,常见的有体现店主经营理念或吉祥语之类的,还有更直接的是对自己产品的介绍。如祁门商人开的"九成斋"药店,上面挂有一副楹联:"九晒九蒸,秉良心,晒蒸九次;成丹成散,遵古法,丹散成功",直接告诉顾客药丸的制作过程,既宣传了药的制作过程,也宣传了商德。休宁胡开文所开"胡开文墨庄"制作的名墨"集锦墨""苍佩室"被清王朝选为贡品,他把徽墨的特点写成:"清有余润,研无留迹,落纸如漆,千载存真,装饰考究,便于珍藏",装裱起来向顾客宣传,起到了较好的效果。

　　叫卖历史悠久,也是传统广告中最常见、最直接的营销方式。《楚辞》中有"师望在肆""鼓刀扬声"之句,说的就是姜太公敲打着屠刀,以示自己是卖肉的。这种方式在明清时期徽州被称作"叫摊",徽商更是精于此叫卖之道,旧时屯溪衣庄的叫摊就是其中的典型代表。

　　徽商经营的成衣庄遍布省内外,当时屯溪街上就有许多家。万隆、万源、大新等几家大衣庄经营有方。为了吸引顾客,他们根据季节、时令变化随时应地变换陈列各种款式的时装,并且还在店堂门前摆设一个叫摊。叫摊一般是由木条架构成的栅架,一米见方,尺把高。两个比较精通业务、口齿伶俐的店伙计站在摊上,面对顾客,将一件件服装抖开翻来覆去地展示给顾客看,同时另一个伙计嘴里唱着徽州地方的优美小调。这小调也不是随便唱的,它很有讲究,歌词内容一般包括三个方面:一报服装的价格,二唱这件服装适合什么人穿,三唱布料的品种、质量和服装的规格等。顾客可以随便翻看,也可以当场试穿。叫摊前往往围满了顾客和看热闹的观众,许多衣服就是在这种叫卖声中得以成交。据上了年纪的老徽商讲,衣庄叫摊是徽商的生意经,既可引来看热闹的顾客,推销商品,同时服装抖开重新折叠,又能起到透风、防霉、防虫蛀等作用。

现场表演,让顾客观看商品制作的全过程,是徽商扩大商品影响的又一种广告形式。这种广告宣传,给人以真实可信的感觉,所以往往能获得巨大的宣传效果。

旧时屯溪的"同德仁"药店为了宣传自制的名药——百补全鹿丸,每年秋末冬初都要向公众公开进行一次信誉性的制作表演。事前药店四处张贴"虔修仙鹿"的广告,并邀请外地客户前来观摩。表演之日,鹿披红挂彩,被绑在木架上,由四个青年抬着吹吹打打,沿屯溪主要街道及近郊周游一圈,然后抬回店里。人们在鼓乐声中将鹿缢死,除毛剖腹洗净,剁碎蒸熟,配入三十二种药料敲打拌匀,然后焙干磨成细粉,羼入蜂蜜制成药丸。这种有目共睹的制作表演,使大家了解了药丸的制作过程,从而使该店百补全鹿丸的销路一直很好。

胡雪岩在杭州创办"胡庆余堂"制药堂号,除紧抓药品质量外,还为扩展销路别出心裁。他选雇男女健美者,让他们一律穿上印有"胡庆余堂"或"药"字的马甲,手举药丸,在杭州水陆码头、大街小巷招摇过市,施药治病,大力宣传。中国最早的商业广告模特当始于胡氏药房。

徽商还通过举办游乐节目吸引游客以扩大影响。如徽州木商每年在贸易地举行徽州灯会,清代文集《白下琐言》曾记载,徽州灯都是上新河木商装饰的,每年四月初旬,灯会结束后三天,徽州木商一定会出此灯……全城无论士人大夫还是普通百姓都前往观看。这样一来自然为木商们造出了声势。其他类似游乐节目还有搭台演戏、诗文酒会、品评书画等,徽商借此招徕居民、游客和文人雅士,借机宣传自身。

请名人撰文,或题诗作赋,刻印成宣传材料,广为散发,这种做法,徽商也常常采用。明清时期,徽州墨商之间的竞争非常激烈,为了在竞争中获胜,他们想方设法扩大商品的影响,于是刻印宣传材料的做法风靡一时。明中后期,歙县墨商方于鲁为了扩大商品宣传力度,在万历十六年(1588)编纂了《方氏墨谱》八卷,书中请精工图绘墨品三百五十八式,由"一代巨公,千秋文侣"的汪道昆和其弟汪道贯作《墨赋》《墨铭》《墨书》附于卷首。书成后,方于鲁的制墨名声大振。在方于鲁的竞争刺激下,歙县墨商程大约兄弟也不甘示弱,他们急起编撰《程氏墨苑》十六册,图绘墨品五百式,敦请名家作前题后跋。其图绘、雕镂、彩印、卷帙之精美,超过《方氏墨谱》,举世为之瞩目。

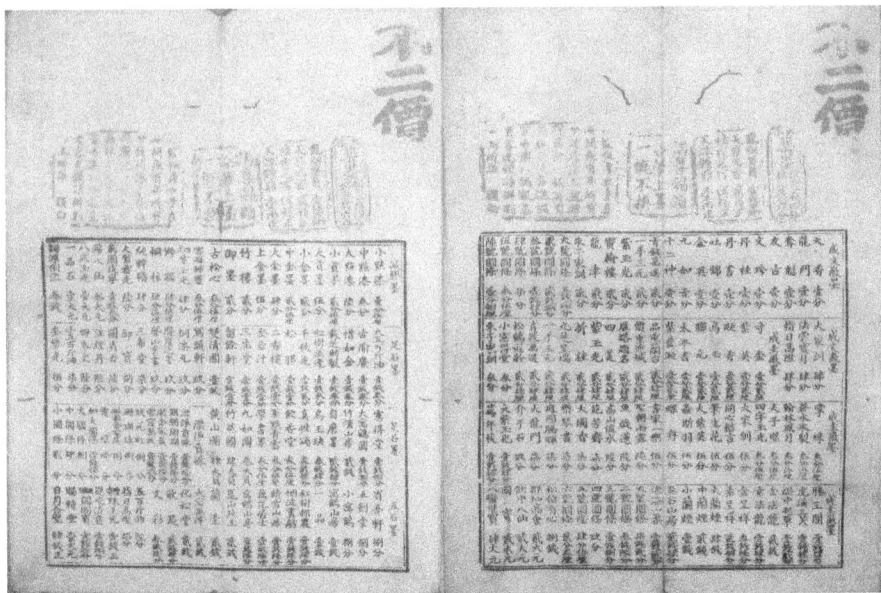

清代徽墨詹成圭号"不二价"广告单

请人宣传、推销自己的商品,是现代商家惯用的手段,而清代的徽商就已经这样做了。这方面常被人提起的一个典型便是徽商的益美布号。益美布号是清代徽商汪氏在苏州寸土寸金之地阊门创设的,但此处布号太多,竞争激烈,生意难做。经过思量对策,汪氏吩咐伙计把阊门一带的裁缝个个请来,告诉他们:今后顾客做衣服,如用的是益美布号的布,请将机头(商标)保存好,每交一份机头即奉赠银二分。裁缝们无不把益美布号的布奉为名牌,竭力向顾客推荐。结果,益美布号压倒了同行的其他布号,一年销量约百万匹,成为竞争中的赢家。

与现代高科技广告相比,徽商的广告形式显然是"小儿科",但他们积极的竞争意识、应地应时的宣传谋略、努力追求的文化品位等,则是依然值得今人学习和借鉴的地方。

辅主经商的徽州义奴

　　明代，徐家是歙县东乡有名的大财主之一，家里因做小本生意发家致富。徐老爷和妻子育有三个儿子。

　　老大、老二没有什么本事，已近中年还是坐吃家里老本。老三与妻子育有五个孩子，可是人到中年身体每况愈下，卧床不起。徐老爷请了很多当地有名的医师给其医治，但都不见好转。一日清晨，老三再也没有醒来，留下了可怜的妻子和五个孩子。这一时期，徐家的生意也进展不顺，徐老爷年事已高，无心操劳。眼看老大、老二不争气，徐老爷不禁哀叹连连，终在不久之后长辞人世。父亲一走，老大、老二就开始抢着分家产，准备各自管理家业。家里此时已经没什么资本了。最终，老大分得一匹马，老二分得一头牛。老三死了，留下自己的遗孀和五个孩子。老大、老二欺侮她是个寡妇，只分给她阿寄——一位家里的老仆人。阿寄时年已五十多岁，看来只能白吃饭干不了什么力气活了。

　　寡妇势单力薄无力争抢，哭泣着说："老大分到马，可以用来跑运输赚钱；老二分到牛，可以用来耕田过日子；我这个寡妇却分到这个老仆人，不但不能做事，我还要养活他。我一个弱女子，如何养得起这么多人啊？我的命好苦呀！上祖啊，你为什么不睁眼看看我们这一家哟!"寡妇哭得很伤心,泪流满面。阿寄躲在柴房里,听到寡妇的哭诉,心里很不是滋味。徐老爷一走,没想到家就变成这样了。阿寄走出柴房,惨然地对寡妇说:"少夫人,你的上祖睁眼看着呢,为何说我这个人不如马不如牛呢?我虽然是东家的老奴,伺候东家大半辈子,现在已不年轻,但我却是个活人呀!我有头有脑,有手有脚,我依然有想法,我可以做我想要做的事,甚至还可以经商赚钱呀,说不定比马跑运输,比牛耕田还获利更多。生活是有希望的,凡事要有信心,要想开啊!"寡妇听后平静了许多,但还是充满焦虑。于是阿寄便说出了自己年轻时就有的想法——出外经商赚钱。

寡妇听后半信半疑,但想想也只能孤注一掷了。于是本着试试看的想法,第二日她摘下耳环、银簪等金银首饰去典当铺变卖了二十两银子回来,全部交给阿寄,当面对他说:"这是我的全部家当了,现在全部交给你。我一家六口人就全靠你了,你凭着你的良心办事吧。"阿寄听后,颤抖着手接过了这二十两银子,说:"少夫人请放心,阿寄一定会对得起您对得起东家,不负所望,养家糊口的。"

第二日,阿寄收拾好行装,含泪拜别少夫人和自己的妻子,带着这二十两银子进山去了。

老人一路上精打细算,省吃俭用。一日在路途中,他远远地看见地上躺着一位年轻人。阿寄心想天气炎热,此人一定是赶路中暑了,就立即趴上前去看他。年轻人面目清秀,衣着妥当,看上去像是位少爷,不知为何一人在此。阿寄立马扶他起来将其拖至阴凉处,又拿起自己的水壶给他喂了点水。渐渐地年轻人睁开了双眼。阿寄随即又拿出自己包里的干粮给年轻人充饥。年轻人看到眼前的这位老人救了自己,感激不已。交谈中,阿寄得知原来这位年轻人是城里做油漆生意的王家二公子,因父母都已病逝,被大哥排挤,而流落出户。阿寄听其身世后感慨不已:"既然你无法回去,不如我们白手起家，一起谋划自己的事业吧。男儿志在四方，应当深谋远虑。"年轻男子听后一拍即合，加上他从小耳濡目染家中油漆生意，顿觉信心十足。休养片刻之后，他到附近当铺典当了自己的行头，换上便宜的麻布衣服，怀揣着典当来的银子与阿寄一起进山去了。

王公子有聪明的头脑和生意经，阿寄能吃苦有想法。两个人的生意由小而大，由零售到批发，一年后便获利三倍多，开始自主经营油漆事业。年终阿寄揣着银子回去过年时，对东家说："主人可以无忧了，我赚钱有希望了，我先把这二十两银子的本钱还给东家，留下的我再作本钱，扩大经营范围，继续贩卖，一年、两年回来一趟，再向东家交账。"年轻的寡妇放心了，说："阿寄，这一年你辛苦了，之前我不该那么看轻你。只怪我是寡妇不中用，还要照顾五个孩子，让你那么大年纪了还要出外谋生。大过年的，你好生在家歇息几天吧。"说罢，就给阿寄收拾起柴房了。年后没两天，阿寄就辞别了寡妇一家，回到油漆铺子里继续做生意了。

就这样年复一年，阿寄和王公子的经营网点已遍布大江南北。这期间，他们在与别家竞争油漆生意时，不料竟遇上了王公子的大哥。王公子的大哥见早期被自己逐出家门的弟弟已这般有出息，不禁心里不爽，但他仍表面上装着懊悔不已，祈求弟弟原谅自己。王公子沉默不语，阿寄在旁边打着圆场。两人几年后的见面气氛尴尬不已，不欢而散。

几日之后，有人找到阿寄的油漆铺，说是要找王公子。来人是位姑娘，阿寄请她进了门。这位姑娘表情焦虑，说话吞吞吐吐。阿寄立马派人端茶倒水，安抚了姑娘的情绪。姑娘稳定后，便把实情告知了阿寄与王公子。原来她姓陈，家境败落后沦落到王府当丫鬟。主人脾气暴戾，身边的人都很怕他。昨日她给主人端茶的时候听闻主人想要加害自己的弟弟。那日兄弟相逢恰巧她也在旁边，目睹了王公子的义气凛然和正直不阿，所以她听后觉得心里特别不安，于是就冒险前来通风报信了。王公子与阿寄听后，如当头一棒，尤其是王公子，他没想到自己的哥哥竟这般不念兄弟情谊，这般想要加害自己。看着善良的陈姑娘，阿寄心想她这般通风报信，恐怕也不能再回王府了，否则回去后要是给王公子的大哥知道，一定是凶多吉少，于是就让下人收拾了间屋子，暂时收养了陈姑娘。

阿寄与王公子派人去调查此事。果不其然，经过打听，原来王公子的大哥派了些人埋伏在过几日他们运送油漆去扬州途中的一段山路旁，想趁机大打出手，谋害自己的弟弟，并把油漆货物抢走。阿寄灵机一动，便悄悄将此事报了衙门。

第三天清晨，王公子带着两个手下推着货车往山路里赶去，走到一片树林时，听见了窸窸窣窣的声音。王公子心下知道，这便是要加害自己的杀手要出现了。果然，往前没走几步，便见几个大汉拔刀从树林里冲了出来。王公子带着手下赶紧往后退，这时，货车突然砰地打开了，从里面跳出了几个身穿官府衣服的官兵，一时之间，就与大汉打了起来。经过打斗，官兵制服了大汉，并将几人带回衙门审讯。起初，这几个大汉什么也不说。经过几个时辰的严刑拷问之后，大汉终于如实坦白是王府的王大人指使他们的。王大人因指使他人谋害自己的弟弟而被收押，名声也丢尽了。王家人发现原来自己家的二公子没有失踪，健健康康地回来了，都很欣喜，遂让其接手了家族事业。于是，阿寄跟着王公子一起渐渐发扬壮大了油漆事业。就这样年复一年，阿寄连续经营了二十多年，生意越做越大，积资上百万两银子。

这二十多年间，阿寄用这笔钱为寡妇嫁出了三个宝贝女儿，为她的两个儿子娶了亲，家里的房屋也扩建改造了。街道邻居无不羡慕寡妇好福气，有一个那么聪明能干的仆人，这比分到马，分到牛的老大、老二要争气多了。阿寄还为寡妇的两个儿子请来名师授课，并为这两个儿子捐款到国子监读书。这时，寡妇的财力可谓是称雄本县了。

阿寄七十岁时将生意都交给了王公子，自己带着应有的财物告老还乡了。到了七十五岁那年，阿寄因长年在外奔波，操劳生意，最终一病不起。寡妇找来了很多当地的名医医治他，但阿寄的病情都不见起色。阿寄知道自己已年老体衰，命不久矣，临终时他对寡妇说："老奴我为马为牛伺候东家的日子要结束了。当年，在我年轻时生活没有着落的时候，是老东家收留了我，这份恩情我永生不忘。老东家早已走了，我现在也要走了，到那边我再为老东家干活伺候老东家吧。"说罢，他拿出藏在枕头中的两本账册交给寡妇，说："这是我二十多年贩漆收入与支出的流水账，请东家过目。我把这账上所记的资产全部为你一家分配好了，现在全部交给你，足够你一家人这一生的生活所用了，望你们好好守用吧。"阿寄说完，流下两行老泪，最后喘息道："老奴我，来时没有带来一份银子，走时我也不会带走一份银子的。请主人好生过日子吧。"阿寄喘息完后，撒手西去，死在了自己的柴房里。

寡妇给阿寄办了一个体面的葬礼，并将他埋在了祖坟附近。阿寄这一生都奉命于东家，他们早已是一家人了。可是寡妇还是私心很重，心里总是放不下，怀疑阿寄还藏有什么金银财宝。她想：世界上哪有这样好的老实人呀，只为东家赚钱，不为自己私藏一物。于是葬礼事物都结束后，寡妇回到家中便走进阿寄长年住的柴房，打开他的竹篓翻看，可没有发现一两银子，再把他的衣服棉被抖开，也没有发现一张借据，阿寄留下的只有自己的老伴和一个儿子。而这母子俩身上穿的仅仅是最普通的衣服而已，没有一点值钱的东西。寡妇顿时羞愧不已，感动得泪流满面，长叹道："世上竟有这样的好仆人呀！上祖有眼，分给我一个活宝，为我赚来百万金银，自己却不留下一两。"她立马派家里的仆人给阿寄的遗孀和儿子买来衣物，并为他们腾出一间屋子，让他们同自己一块过日子。寡妇还用阿寄留下来的钱供他的孩子读书。寡妇时常教育自己的子女："我的孩子们呀，我们要好好学学阿寄的良心，千万不要把仆人想得太坏，人家也是人呀！"

第二年清明节的前三天，寡妇带着一家人到阿寄墓上祭奠，发现墓前已有鲜花瓜果无数。原来是街坊邻里都被阿寄的事迹所感动，纷纷前来祭奠他。这其中还有位中年男子，他就是那位与阿寄一起打拼的王公子。王公子事后才听闻阿寄已故，不禁难过不已。第三年清明节的前三天，王公子与寡妇一起在阿寄的墓前立了一块墓碑。第四年过年前，寡妇为阿寄的儿子娶了一门亲，并交给他二百两银子，让他跟随王公子做油漆生意。做完这些事后，她每天才能安心地睡着觉了。

茶商铺中忙碌的伙计

显灵助商的海神传说

明代文士蔡羽所作的《辽阳海神传》，描述了明代正德年间徽州程氏兄弟远赴辽阳经商，得海神相助的故事。此小说虽是一篇关于人神爱情的神话故事，但它以徽商为素材，反映了明中期商贾观的变化和徽商的一些创业活动及经营谋略。本文即改编于此小说。

明代正德年间，徽州住着一户姓程的人家，程家祖上富裕，家境优越，家里有正当年的两个兄弟。哥哥程宷，性格内敛稳重；弟弟程宰，表字士贤，聪明好学，少时起便喜读诗书。二人被家里寄予厚望。

徽州讲究男人需成家立业，于是待两人成年后，程家就陆续给门当户对的大家闺秀家提了亲。两年后，程宰与哥哥陆续都有了孩子，二人的妻子也都很安分守己相夫教子。程老先生见儿子们已家庭美满，心想该是让他们出外立业的时候啦，好男儿志在四方，切不能耽误前程。

一日，程老先生将俩儿子叫至房中，摸着胡子，语重心长地说："程家祖上在这一辈的希望就寄托在你们身上了，如今你俩正当年，是时候出外打拼了。家里有数千金，交给你们，希望你们出外经商，除了学习到本领外，也要不辜负家里一家老小的期望。"俩兄弟听后，踌躇满志，与家人商量后决定即日起程。

于是，程宰与哥哥两人便带着数千金来到了辽阳经商，贩卖人参、鹿茸、松子、貂皮、东珠之类的土特产品。两人虽读过很多书，但缺乏经商的头脑与经验，往来数年，一向失利，期间还被人骗了不少钱财，渐渐耗尽了资本。徽州人的习惯是在外经商的人，每隔数年就要回家探亲一趟，带着自己所赚钱财和好礼回去孝敬父母，慰藉妻子和孩子。在家的妻子、亲属，乃至同族的长辈、平辈们，都会以你经商获利多少，评论你是否有才干，有无光耀门户。可如今，程宰、程案亏损到如此地步，就连本钱都已丧失殆尽，两人潦倒不堪，羞耻、惭愧、难过、沮丧的心情交织在一起，他们实在是没有脸面回乡探望父母亲友。两人没脸回乡，只好写了封信托人带回，说是生意忙碌，无法抽身。

为了度日，程宰与哥哥只好低头给其他商人当伙计，天天做些打杂的体力活。为了省钱，兄弟俩只租了一间破房，中间用破板相隔，一人住在一边。就这样，两人清苦地度过了几年。

有一年辽阳天气早寒，一夕风雨暴作。程宰已拥衾就枕，看着窗外大雨，吹着窗户挡不住的寒风，顿觉思家。他揽衣起坐，悲歌浩叹，念起窘境，恨不能速死。这时灯烛已灭，又无月光，屋里黑压压的，程宰心里觉得更加压抑。怅然若失之间，他忽然觉得屋里渐渐明朗了起来，殆同白日。就在他觉得很疑惑时，他又觉得闻到了一种芬芳，风雨息声，寒威顿失。程宰错愕，不知所为，心想怕是见鬼了，于是大声地想叫醒隔壁住着的哥哥，可是却不见哥哥有反应，他只好抱着被褥，向壁而卧，决心不闻不问。

少顷，程宰听见空中车马喧闹，管弦金石之音自东南来。受好奇心驱使，他回眸窃视，看见屋内竟出现了一位貌美如花的女子。女子朱颜绿鬓，明眸皓齿，年约二十许，冠帔盛饰，就像画中之人，全身上下，金翠珠玉，容色风度，夺目惊心，似神仙一般。程宰不敢抬头直视，只问姑娘所为何人。女子走到程宰床前，一一诉来。原来这姑娘是辽阳的海神，看中程宰秉性善良，欲与其共同生活，并明言可以帮他经商，谋划商务。不过条件是，海神姑娘晚上来，凌晨离开，不许程宰将其中的任何秘密泄露给任何人。程宰听后一一应承，心想这天上丢下来个好老婆，正是自己求之不得的大美事，遂赶紧拉海神姑娘坐下，细细详谈。

正德十四年（1519）初夏，有个贩卖药材的人来到辽阳，走街串巷贩卖药材。许多药材都卖光了，独有黄柏、大黄两味药卖不出去，各剩下千来斤。贩卖药材的人自言自语道："这是贱货，剩下也不多了，要是实在卖不出去，丢掉就算了，唉。"海神姑娘在街市听了后，晚上照旧来到程宰的寒舍，说道："今日在菜市口我看到一人在贩卖黄柏、大黄，你明日快去把那些药材买回来，会有大钱可赚的。"

程宰听了海神姑娘的话，深信不疑，第二日便用当伙计赚来的十两银子将这两味药材尽数买下，扛回了家中。当日傍晚，哥哥程寀做伙计回到家中，看到家里的药材，知道了这件事，对着弟弟大骂道："你这是头脑发热了么，就算这些东西再便宜，你也不能没计划地都买回家中啊，这到哪天才能卖得出去呀？"

程宰心里有理，但不能言说，只能不理睬哥哥，只管用心料理好这些药材。晚上屋内香气逼人，烛光摇曳，海神姑娘如期而至。海神姑娘看见屋内的药材，笑曰："程郎果然是有心若是，希望能够一直这么听话。"即斟了一杯酒递给程宰，欢谑谐笑地看着他。程宰接过酒杯一饮而尽，揽美人入怀，答应道："在下必当听从美人之言。"第二日鸡鸣之时，海神姑娘起床梳妆完毕，便又辞去。

没想到没过多久，辽阳一带瘟疫大作，惟独黄柏、大黄两味药材各店铺都卖断货了，而这两味药，又是治疗瘟疫的解毒主药。一时之间,这两味药的价钱暴涨到原来的四五十倍。程宰见势,立马将家中囤积的黄柏、大黄拿了出来,带着哥哥一起出去卖药。在这紧要关头灾民都急着治病防病,这些药很快就被大家抢买一空。兄弟二人最后卖得了好价钱,净赚了五百多两银子,生活一下子滋润了起来。

当天晚上,海神姑娘含笑而来。程宰不胜感激地拉起海神姑娘的手,表达感谢。海神姑娘顾盼生姿,将带来的美酒佳肴放在桌上摆好,与程宰好生庆祝。程宰心下喜悦,心想自己是多么好运啊,能有如此好的海神姑娘相助,之后遇事也必将要听从海神姑娘之言。

没过几天,辽阳来了一位荆州的商人贩卖彩缎,可惜运货途中遭到暴雨,批来的五百匹彩缎全被雨水淋得斑斑点点,没有一匹颜色是完好的。荆州商人日夜痛哭,惟恐彩缎卖不出去了。海神姑娘打听到这个消息后,当天晚上来到程宰家中,对他说:"官人,我想一笔生意又该要做了。街口有家荆州商人开的店,是卖彩缎的,明日你快去把他家的彩缎都买回来吧。"程宰听后,依照海神姑娘的吩咐,第二日毫不犹豫地将赚来的五百多两银子全买了荆州商人的五百匹斑斑点点的坏彩缎。荆州商人大喜道:"天助我也,谢谢老天爷,多谢这个徽州商人搭救了我。"他赶紧派手下将这五百匹彩缎送至程宰的寒舍。

程宰的哥哥见弟弟买了这么多坏了的彩缎,心想这是废物一堆啊,还赔了那么多刚赚的银子,顿时恼羞成怒,教训道:"你前几天瞎猫碰到死老鼠,给你赚了个大便宜,这一次可要倒霉了。谁会买你这些斑斑点点的烂东西,之前赚来的五百多两银子肯定要打水漂了,你等着瞧吧!"

程宰仍然没有理睬他,深信海神姑娘为自己的谋划。

不到一个月,江西宁王朱宸濠在南昌举兵造反。朝廷急调辽东的将兵南下讨伐，限期非常短，但又要旗帜戎装整齐。辽东地区向来不生产布匹，哪来那么多的绸缎呢？一时间布价暴涨起来，程宰听闻后知道时机又来了，于是赶紧将这五百匹斑斑点点的彩缎拿了出去。彩缎一下就被抢售一空。晚上回到住处，程宰与海神姑娘一起算账，扣除本钱还净赚一千两银子，真是从天上掉下来的金元宝，只要弯腰捡捡就行了。哥哥见弟弟赚来了这么多银子，也便不说什么了，心想过些日子，可以有脸回去见家乡父老了。

正德十五年（1520）秋，辽东来了位苏州商人，运来三万多匹棉布到辽阳贩卖，陆续出售了二万三千多匹，生意很是红火。可是商人忽然接到家里来的急信，说是母亲突然病故了，要他赶快回去奔丧。可是他还剩下白布六千多匹。海神姑娘听闻此消息，晚上来到程宰家中，握着程宰的手说："料想官人也听闻了那苏州商人的事情，这笔生意又该要做了，你明日赶快把它买进来吧。那个商人急着要回家，况且已卖出的布匹已经让他赚了大钱了，剩下的只要照原价卖出去他也不会亏本。"程宰听后，伺候海神姑娘更衣，说道："我明日就去办。"第二日天亮，海神姑娘走后，程宰在房里数着银子。哥哥起床后见弟弟这般，便询问起来。听闻弟弟的打算后，哥哥又反对了起来，而且说出了想要一起回乡的打算。程宰不听，依然信任着海神姑娘，拿着银子从家出来后就用这赚来的一千两银子尽数买下六千多匹白布存放在仓库里，等待时机再上市。

正德十六年（1521）三月，正德帝亲征叛王朱宸濠，南巡到南京。一次他亲自驾着渔船在湖中网鱼，不慎船翻在湖中，人跌落水中，差一点溺死在湖水里。左右侍卫将他救起，半晌他才苏醒过来，从此一病不起。回到京师，正德帝就口吐鲜血而亡。全国举哀，人人都要身着白衣，头戴白帽，祭奠、默哀他。可是辽东不产布，一时之间哪里买得到这么多的布来呢？程宰知道时机又来了，于是将囤积的六千多匹白布抛售了出来。白布一下就卖光了,这笔生意让他净赚了四千多两银子。

如此这般,囤积居奇,一本万利,仅仅六七年功夫,程宰就赚了数万两银子,比他当年携带的本钱多了十几倍。程宰心里感激海神姑娘,一日晚上他准备好美酒佳肴,等待着海神姑娘的到来。

海神姑娘如期而至。酒酣之际,程宰不禁好奇询问了起来:"海神姑娘到底姓氏为何?"海神姑娘掩面而笑,说道:"吾是海神,有何姓氏?多则天下人皆吾同姓,否则一姓亦无也。""有父母亲戚乎?"海神姑娘再答道:"既然没有姓氏,又哪来的亲戚呢?多则天下人尽吾同胞,少则全无瓜葛也。""年几何矣?"海神姑娘边饮酒边说:"既无所生,有何年岁?多则千岁不止,少则一岁全无。"程宰听后,知道海神姑娘果然是仙人。

海神姑娘助程宰成功经营后,两人度过了一段快乐的时光。哥哥程寀也重新容光焕发,不再为生计和家里担心了。

一日晚海神姑娘来到家中,与程宰相拥而眠,天快亮时,对程宰说:"官人可以带着这些银子和哥哥回家去了,回乡后同原妻好生过日子吧。世上的钱是赚不完的,但是生活需继续,其他的钱就留下让别人去赚吧!作为一个商人,切不可贪得无厌,适可而止足矣。我受先祖的使命也完成了,该是告别的时候了。我先祖的祖籍也是徽州人,只是我们在这里定居下来了。现在再听我最后一言,离开这里,回乡吧。"海神姑娘说罢,起身穿衣装扮,向程宰告辞。程宰听后很是感慨,想到这几年的日子,对海神姑娘恋恋不舍。但他知道海神姑娘乃是仙人,一定要听从贵人的话。程宰也有知足之心,知道生意能做到这般也是够了,只好感激涕零地与海神姑娘告别。海神姑娘见程宰知足感恩很是欣慰,顿时身上流光溢彩,含笑消失在了房间里。

于是程宰与哥哥即日起便收拾好行装,离开了这个给他们带来苦痛也带来福气的辽东地区。两人带着数万两银子,风风光光地回到了故乡。家里的乡亲已数年没有见过程宰及其哥哥了,见二人有成归来,不禁张灯结彩敲锣打鼓,准备丰盛的喜宴迎接两人。二人这般归来,可谓为程家带来风光,全家上上下下村里村外都以程宰及其哥哥为荣。

程宰与程案知足常乐,与原妻子女共享天伦之乐。程宰心里一直感恩于海神姑娘的帮助,晚年乐善好施,终年八十七岁。

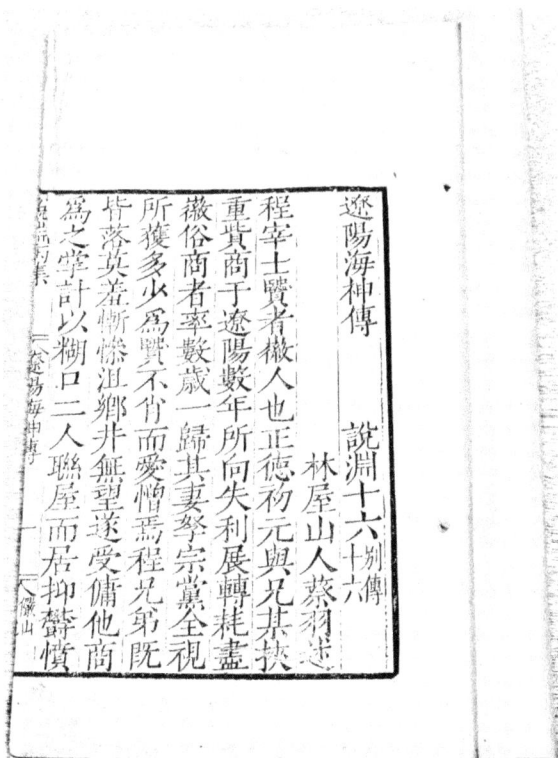

明嘉靖云间陆氏俨山书院精刻本《辽阳海神传》书影

联袂经商的慈父孝子

　　明代婺源县人吴纲,是个种田人,一辈子靠天吃饭,靠手生活。由于婺源县地处山区,缺少适合种植的农田,缺田少地的境况实在让人为难。在这种无以依靠的情况下,吴纲只好长年累月地为田地多的大户人家打长工,靠辛苦挣来的雇佣金过活,一家人的日子过得十分艰难。在他五十岁那年,收成不好,日子越来越难过,吴纲愁得不知道该怎么办,再这样下去,一家老小靠什么生活?还活得下去吗?实在着急的吴纲忽然眼睛一亮!他想,也许出门去外地经商,做些小本儿的生意,能赚些钱呢,起码能把眼前的难关给渡过去也好啊,一家老小都要吃喝,再不想想法子,可真没辙了。他左右思索了一番,跟妻子商量:"我想着这家里的日子实在不好过,你一年到头儿身子也不好,跟我一辈子了,也没过过好日子。我想去外头闯荡闯荡,看看行情怎么样,说不定到外地贩卖牛蹄,手头上会好过些。"

　　妻子放下手中缝缝补补的活计,诧异地看着他问道:"你为何要贩卖牛蹄呢?这生意我都没听说谁做大过,能好做吗?"

　　吴纲拉过断了椅背的竹凳,靠近一步说:"你想啊,牛蹄可以入药,馆子里的好厨子做了,又是响当当的一道好菜。我看眼下做这种生意的人少,是个独门生意。我想试试,说不定能赚到钱呢。"

妻子看了看家中寒酸简陋的陈设和门外那一山比一山高、云雾缭绕的风景,觉得丈夫说得有几分理,也就同意了。

吴纲走到门外,看着从小到大都无比熟悉的青山绿水,暗暗下定了决心。他到至亲好友家好不容易借来了路上用的盘缠和做生意的本金,邀上族中一个也想出去讨生活的好友到湖广一带闯荡,贩运牛蹄去了。

嘉靖四十三年(1564),吴纲先到了湖北。当地做这种生意的人不少,竞争十分激烈,牛蹄的收购价逐渐升高,吴纲第一笔生意做下来,并没有赚到什么钱。

过了两年,吴纲几经打听到江西做牛蹄生意的人少,于是就把牛蹄贩运到江西。可是这一来他才发现,江西货源少,需求量也少,结果也没有赚到什么钱。

吴纲折腾两回却没有赚到钱,难免有点灰心,可一想到远在婺源的家中老小,又咬咬牙继续找营生去了。

隆庆元年(1567),吴纲听说山东省产毛驴,他想驴和牛总有一个能挣些钱的,于是他辗转到山东贩运驴蹄和牛蹄,心想多种经营,也许境况会好些。但由于天气炎热,保管不善,牛蹄和驴蹄都变质了,店家不要。这下可坏了,吴纲不但没赚到钱,反而亏了本。吴纲仰天长叹,感慨时运不济,屡屡失算,自己都难以糊口,更别说寄钱回家贴补家用了。而他也觉得在外面闯荡这么久,自己经营得如此惨淡,实在无颜回老家去,也就逐渐同妻子断了联系。

与此同时,吴纲在老家唯一的儿子吴琨长大了,并且已经娶妻生子,成了家里的顶梁柱。可是随着家里要吃饭的人越来越多,家里更是越来越穷,有时候连饭都不够吃。为了养活一家,吴琨也搞起了种田以外的副业来,就近贩卖黄酒和酱油,勉强养活一家老小。

家里的日子还算过得去。他常常会想起在外做生意多年未归的父亲。一日闲暇，他对母亲说："父亲出外经商多年了，为什么还不回来，莫非有什么不测？"

母亲看看长大成人的儿子，叹了一口气说："是啊，都有七八年了，他也是快六十岁的人了，在外面一个人孤孤单单的，这世道也不太平，怕是凶多吉少，你要不出去打听打听他的下落吧。"

于是，吴琨开始前头挑着黄酒，后头挑着酱油，一边在徽州府各县贩卖，一边四处打听父亲的下落。一天，吴琨累得不行，在歙县一户盐商家边歇脚的时候，打听到父亲已从山东转到扬州经营鱼贩生意了。他兴高采烈，也下定决心要找到多年在外奔波的父亲，一家团圆。他毅然决然地把自己的砖瓦房子卖掉，盖了三间草房，剩下来的钱，一半用来养活母亲、妻子和儿子，一半用作路费，前往遥远的扬州寻找不再熟悉的父亲。

扬州何其大？为了省钱，有个落脚地，吴琨先在扬州经商的老徽商家打工，间或打听父亲的下落。

功夫不负有心人，一天早上，天刚蒙蒙亮，吴琨在码头上看见一个老人在贩运鲜鱼，看其身形，听其声音，他觉得很熟悉，觉得那好像是自己的父亲。吴琨不敢冒失，他跟在老人身边看了许久，心里有了些底。对！那就是自己的父亲！他走近几步，毅然喊道："爹爹，你在这里卖鱼啊，我是你的儿子吴琨呀。"

老人抬起头来，脸庞已经苍老许多，额间添了许多皱纹，他睁眼望了望吴琨，辨认了几下，一瞬间，他惊奇地回答道："你是吴琨吗？啊呀，我的儿呀，你怎么跑到这里来了？"

吴琨道："我是专程来寻找爹爹您的，我现在在一家店铺里做事，我大老远地从家里跑到扬州来就是为了您啊。对了，爹爹，您现在为何又贩鱼了？"

老人回答："我当初刚开始贩运牛蹄，还以为是独家生意，可是没有想到啊，这的确是独家生意，可它的销售量太小，赚不了钱。所以几笔生意下来，我都失算了，吃了大亏，这才改行做这生意的。鱼嘛，是人人都要吃的，所以生意好做多了。"老人谈起生意经来，忽然脸上泛起一些愧色，他轻声问道："你娘身体好吗？你成家了吗？唉，这么多年来我对不起家里人啊，赚不了啥钱，也不好意思回去见你们。"

吴琨道："爹，没赚到什么钱也没关系，孩儿已经长大成人，可以赚钱养家。只要一家团圆，比什么都好。娘身体好着呢，我成家了，您有孙子了！娘和您的小孙子都在家盼着您回去呐！"

老人道："那就好，那就好！"迟疑了一下，他又说，"儿啊，我也想一家团团圆圆的，每当中秋节或者春节的时候，尤其想你们娘俩，但在外打拼多年，我真的没有钱回去，回去也只会给你增加负担。"

吴琨道："爹，您不要想太多啊，只要能回去，比什么都强。我这么辛辛苦苦找您，不就是为了一家团圆嘛！您就理解孩儿的苦心和娘的思念，跟孩儿回去吧。"说完，就给老人跪下了。

老人这时也有些动摇了。是啊，古人都讲落叶归根，一个人在外，出点什么意外，都没个人照应，是该服老了。

"好，那这样吧，我这几天把我的鱼摊盘出去，我就跟你回家，你快起来。"

"好嘞！"吴琨高兴地从地上站了起来。

吴琨又回到老徽商家做工，每天都焦急地等待着父亲来找他。等到第三天，父亲终于来了。吴琨赶忙去跟老板辞职，结清工钱，感谢老板对他的照顾。好心的老板还多给了他一个月工钱做盘缠。

吴琨和父亲就这样日月兼程，往家的方向赶路。时值仲夏，酷暑难忍，虽然艰辛万分，好在他们已经接近婺源县地界，眼看马上就要到家了。一天,他们起早赶了几十里路,临近中午的时候,在一座山脚下的茶棚里歇脚。茶棚里一座难求。吴纲突发奇想:这样热的天气,如果我在人流比较集中的地方开一家茶棚,一碗茶卖一文钱,除去成本,每卖十碗能赚五文,摆三十个桌子,按照每桌四人计算,一天起码能赚一百文,一个月就是三千文,离夏季结束还有三个月,三个月能赚九千文。如果再搭售些吃食,那么一个月赚的就更多了。这是个稳赚不赔的生意啊!他心里的算盘拨得啪啪作响。

是的,别看他答应回去,但他做生意的心一直不死,在回去的路上,始终在盘算着再做点什么生意。如今让他逮着这个赚钱的机会,他一定不放过。于是他就把他的想法跟吴琨说了。

吴琨一听,立马就急了:"爹,我们不做生意了,娘还在家等我们回去呢。再说了,您哪来的钱,到哪去找合适的店面?您把那些桌椅和锅碗都准备好,夏季也过了一半了。爹,我们还是回去吧!"

"我做了几年生意,虽然没钱,但是好歹有些钱能置办起一间茶棚。我心意已决,你就不要拦我了。你要愿意帮忙,就先回家跟你娘报个信,然后回来帮我开茶棚,如果不愿意帮我这个糟老头儿,就好好侍奉你娘,照顾好小孙子。"

吴琨真是气疯了,本来都快到家了,现在突然闹这么一出,而且好说歹说都不行。看着吴纲一副"我意已决"的样子,吴琨心想爹怎么油盐不进,听不进去一句话啊!唉,罢了,罢了,随他去吧,我暂且回家报信。

就这样,父子在这个茶棚下分开了,一个去找合适的店铺,一个回了家。

这边吴纲找店铺还算比较顺利,因为店铺之前的主人远在河南的父亲病逝,要回去奔丧,索性就不做买卖了,把店铺盘给了吴纲,价钱也比较合适。那边吴琨回到家,把父亲做生意的消息告诉了娘,他娘一听,说道:"你爹啊,没被你劝回来是对的,他这个人是个倔脾气,认定的事情九头牛也拉不回来。这样吧,我们一家都去帮他吧,我和你媳妇还能做点面点,不求能赚多少钱,一家人团聚才是最重要的。"于是,吴琨就把家里的房子和几亩薄田都卖了,收拾了行李,携着一家人去找父亲了。

茶棚准备得很快,原来那家人的桌椅什么的都留给了吴纲,吴纲又从集市上添了不少桌椅,买了茶叶和水壶,一切都准备停当,吴琨也带着娘和妻儿来了。吴纲很感动,也很高兴看到小孙子都长那么大了。

茶棚就这么开起来了。似乎老天也开了眼,茶棚的生意一天比一天好。茶棚中的吃食虽然稍有些粗糙,但口味非常独特,很多人都喜欢吃,所以赚的钱远远超过了吴纲当初的预想。

一天,太阳快要下山的时候,茶棚里来了位客人,约摸三十岁的样子,虽然衣衫破得都成条状了,但看得出衣服的料子是丝质的,能穿丝质衣服的人都是非富即贵,而看样子来人快要中暑了。吴纲把他扶进了屋子。他一上来就一口气吃了三屉包子,喝了五碗茶水,可付钱的时候却摸不出钱,他对吴纲说:"老板,我是苏州府的王权,做丝绸生意的,今天走到后边黑鸦岭的时候,被一帮山贼劫了货,身上银两全无,我还差点被杀了,就用我这块玉佩先抵着吧。"

"不用不用,你先住下,待休息好再回去。"吴纲笑着说。

王权就在吴纲家住了三日。这天下午,王权盯着屋外的茶棚发呆了很久。等到晚上吃过晚饭,王权随口问道:"吴大爷,这夏天一过,您这茶棚的生意就不好做了啊。你和你儿子打算以后怎么办?"

"呵呵,还真没想过呢。夏天过了可能就歇业关门吧,这几个月赚得也差不多了,足够一家人过日子了。"

"我有个想法。我在你家白吃白喝了好几天,无以回报。我看你儿子做事麻利,心思细腻,想让他跟我出去做生意,我家在苏州府是大家,有一整条街都是我家的产业,而且我绝对不会亏待你儿子,当以兄弟之礼相待。"

"吴琨,你愿意跟着王大哥出去闯闯吗?"吴纲心里的算盘又拨得啪啪作响,他心想这真是遇到贵人了啊。

根据这几天的观察,吴琨看得出来这个王权不是那种宵小之人,他温文儒雅,真诚待人,是个值得结交的人。吴琨一口就答应了下来。

从此,吴琨就跟着王权四海为家,一年回家一两次,其中的辛苦自不必说,王权也将自己的东西慢慢教给了吴琨。寒霜酷暑十载,吴琨成为了富甲一方的富翁,并在婺源重修了祠堂。

徽州宗祠"乐叙堂"

轻财好义为乡邻的徽商

明代,歙县东关人程文傅(字仲熙)是一位有名的徽商,其祖上世代为官。曾祖程琯,官至盐运使;祖父程宗哲,官至象山知县;父亲程道中,官至中书舍人,世代都清正廉洁。但不料其祖上病逝后,程文傅的父亲程道中却没有足够的银两将二老安葬至山丘土葬,最后只好将棺木移存在县郊义冢地上。其父程道中后来病逝在京师,那年程文傅才六岁。六岁孩童一下子尝到了家道中落的辛酸。好在当时正在朝中任礼部尚书、武英殿大学士的歙县人许国,听到程道中的讣闻,深表同情,趁着告假回乡探亲的时候,顺便把程道中的棺木装在自己的船上,沿河而下,转至新安江,运到歙县,并出资帮助安葬。

之后,程文傅的母亲便一手教养程文傅,但家里一直清贫。程文傅成年后,家里没有一亩之地可以耕种。有一次,在与几个亲友聊天中,程文傅听闻扬州是个经商之地,身边的亲友有好多都去了扬州给人当学徒,可以赚些银两。程文傅心想,与其在这里生活得如此艰难,不如出去闯一闯,赚点银两,也好为母亲分忧。于是他当日回家后,便跟母亲道出了此想法。母亲听后,感慨儿子懂事,虽不舍其离开身边,但很支持儿子的想法。第二日,母亲给程文傅打点完行装后,程文傅便与亲友一起南下扬州。

起初,程文傅跟随盐商做学徒,从打杂开始,一步一步地学习。因其干活卖力,勤奋好学,盐商开始重用他。程文傅的诚实善良,也让其结交了不少朋友。在做学徒的这几年,程文傅习得了不少经商的经验与方法。不久之后,程文傅便开始白手起家,自主经商了。起初,程文傅将这几年攒的银两用于做些小买卖。因其聪明有远见,又广交人脉,所以生意越来越好,利生利,钱生钱,生活开始有了起色,寄回家的钱也够母亲和家人过上好日子了。程文傅见经商能够持家,于是便开始招贤纳良,谋划着将生意做大。在经过一二十年的奋斗之后,程文傅终于成为了扬州有名的富商,并在扬州娶妻生子。

但在他家财万贯的同时,家中老母也已垂垂老矣,染上了重病。程文傅素有孝心,他毅然决然地回到徽州,将自己的生意暂时交给了账房先生代为管理。回到徽州后,程文傅每日每夜都在母亲的榻前照顾她陪她说话。但悉心的照顾却没能挽救母亲每况愈下的病情,母亲在不久后还是病逝了。程文傅自年幼就与母亲相依为命,吃尽苦头,母亲的病逝带给程文傅很大的伤痛。在将母亲厚葬后,程文傅守灵多日,最后还是离开了伤心之地,回到了扬州。

回到扬州后的程文傅,很快便又重拾起生意。但母亲的过世给他以很大的反思。回忆程家几代人的变故,可谓感慨万千。祖父程瑄,由进士授南户部郎中。当时,部门私设"小金库"截留上缴资金的情况比较普遍。程瑄在任期间,对所辖部门进行了清理,所得六万四千余缗全部归入国库,可谓尽职尽责,全力奉命于朝廷,服务于百姓。后又任泉州太守,升两浙盐运使,在这些职位上,程瑄都赢得了清正廉洁的名声。祖父程宗哲,曾任象山知县,为政清廉,深得民心。父亲程道中也是终其一生,竟未能有积蓄,病逝后都无钱购地营葬。所幸最后同朝为官的老乡许国出面筹资安排后事,运柩回歙。程文傅耳闻、目睹程家几代人的变迁,由官而贫,由贫而富的人生经历何其感慨。

有一天,程文傅宴请了几位朋友到家里小聚。酒酣之际,他对天长叹:"人生难道就是为了做官吗? 经商难道就是为了发财吗? 做官难道仅仅是为了官运亨通吗? 发财难道仅仅是为了存更多的钱吗?"在听的人大惑不解,询问道:"先生不为发财何必去经商,士子不为做官何必去读书?"程文傅摇了摇头,解释道:"此言差矣,大大错也。经商是为了谋生,我的生活有了来源,为何要存更多的钱呢? 往日我到扬州经商,是为了奉养慈母,今日慈母不在了,我要存那么多钱做什么? 已无意义。我的祖上代代为官,他们为老百姓做了什么? 做官仅仅是个人清正廉洁是不够的,还应该为老百姓谋福利。我的祖上因没有为老百姓带来什么切实的好处,因此在他们死后,却无葬身之地,这不是离老百姓的愿望太远了吗?"在座的宾客听到后都沉默了。

几年之后,徽州大旱,农民种的庄稼全都干死了。没有粮食可收,家家户户的存粮很快就都吃完了,朝廷的救济款也没有下来,一时之间,百姓民不聊生。程文傅听闻此消息后,心里颇为沉痛,想起自己小时候家道败落,觉得是自己该为乡民做些什么的时候了。他觉得自己的绵薄之力如果能救助更多的家庭,就是非常有意义的事情。程文傅随即便拿出库房中的银子,购买了一千多担稻谷,运去徽州赈济灾民。一千多担稻谷根据不同的形式分发给灾民。在不够分发的时候,程文傅甚至请人将稻谷舂成米煮成粥再分发给百姓。这一千多担稻谷一时间救了无数饱受饥荒的灾民。百姓心中都记住了程文傅这位一直在外打拼的同乡。

但一千多担稻谷只能解得了一时之需。当时,徽州一些灾民集结在一起,他们因饥饿难耐,纷纷出去偷盗,恶劣者甚至跑去拦路抢劫。徽州一时之间,动荡不堪,民不聊生。当地官府开始镇压这些走向歧途的灾民,派出很多士兵将他们逮捕并关押在牢里。然而这些人往往大多是家里的顶梁柱,出来偷盗抢劫也都是被逼无奈之举。他们被关进牢里后,家里的妻儿与老人也就无人照顾了。程文傅得知这样的事情之后,倍感无奈痛心。看到他们的可怜境地,再想想自己却丰衣足食,实在不忍,于是便亲自回到徽州,救济百姓之余,出面找人担保偷盗抢劫者,救出了不少知罪求改的年轻人。这些人被放出牢狱之后,无不感激涕零,视程文傅为自己的再生父母。

徽州地区,大户人家极少,大多数百姓还是度日清贫。有一姓陈的人家养有一女,女孩亭亭玉立。程文傅听说其父母一直想将女儿嫁给好人家,却遭人嫌弃家境贫寒。正巧程文傅邻居家的男孩是位饱读诗书的书生,年龄与之相仿,其家庭也经历过起起落落,男孩父母待人友善厚道。于是程文傅即做了两位的媒人,撮合了一段姻缘。其后,程文傅还搭线出资帮助了很多穷人家的孩子婚嫁姻娶,成就了很多美满的家庭。

徽州乃程文傅的家乡,程文傅每次回来都要走过一些山路险坡才能到家。为解乡人厄路之险,程文傅向衙门禀报出资修路之事。衙门予以批准支持后,派官兵与苦力开始修路搭桥。百姓听闻此事后,有很多自告奋勇的壮丁主动来帮忙修路搭桥,妇女也不时为修路搭桥之人送去水及干粮。程文傅的善行得到了父老乡亲的交口称赞。程文傅平生以财物救济穷人,关注故里公共事业,就这样,年复一年,大方慷慨,慈悲为怀,受到百姓的爱戴。

在程文傅成为富商之后,自然也有不少亲戚朋友向其借钱,程文傅向来不吝啬帮助他人。他深知无钱度日,一家老小忧愁寡欢之态的煎熬。账房先生一直是程文傅的得力助手,他将钱财调出借给他人之后,每一笔的欠条他都让借钱之人签字画押,并且计入账上。久而久之,账上的欠款越来越多,然而程文傅并不以为然,反而觉得帮助别人是开心之事。他也常教导子女:帮助他人,是人生一大乐事也。

在程文傅八十岁那年,他设宴招待亲朋好友。面对众人,他当场将历年来的欠条及记录账簿投入炉中,一把火烧掉。在场宾客无不钦佩其淡然。程文傅当场对子女们说:"人生在世,不可多求,生活上只要温饱就足矣。回想当年,许国公救济了我,我如今为何不救济人家呢?继承我的志愿,莫过于读书,莫过于助人,至于名誉与私利,要听之任之,切切不可挖空心思,处处伸手,贪得无厌。"

亲朋好友们听后频频称赞:"先生心系大家,吾辈跟从先生,不负先生所望。"

程文傅九十岁后,无疾而终,子女们将他安葬在故乡徽州。程文傅的善行及为家乡作的贡献都名留史册,他成功的经商之道也被很多人学习。程文傅成为徽商典范之一。

行侠仗义保家国的徽商

　　明代,有一徽州人,姓詹名杰。詹氏的先祖大多是文化人,尊崇儒学,通晓儒家典籍,以做冶铁生意开始渐渐富裕起来。詹杰年轻的时候就有侠义心肠,为人乐善好施,经常拿自己的钱财资助他人和捐赠国家。

　　当时,官府对外征召人才填补空缺,辅助治理地方,但因当地民风剽悍,那些有学识的民间子弟们大多怕惹是非,都逃跑并躲藏起来,不愿被征召。但是詹杰却不这么认为,他想假如大家都不愿意出来做事,那百姓怎么办呢? 车到山前必有路,船到桥头自然直,再糟糕的事情也总有解决的办法,于是他便毅然前去应召。他在治理地方的几年中,一直勤勤恳恳、心系人民,想方设法地帮助人们发家致富。最终,在他的治理下,当地民风大变,人民安居乐业,詹杰的政绩也受到了朝廷的嘉奖和当地老百姓的称颂。

　　后来有一些贼人总在县界边为非作歹,导致人心惶惶。当地的唐县令十分着急,急迫地招募良家子弟充实县城卫军,以期剿灭贼人,维护县中的安定。当时詹杰不顾自己年事已高,一听闻这个消息,便持着长矛积极应征入伍。在他从军的十二年中,他不仅为维护县中治安劳心劳力,还多次巧妙地募集富人的钱财充实军中装备,并出千金犒劳将士。他的行为一传十、十传百,各方豪杰都被他的行为所感染,群起响应,齐心协力共同剿灭了贼人,最终保得一方平安。

还有一位徽商也和詹杰一样行侠仗义,为人们所崇敬,他就是方景真。方景真博学多智,但由于其父亲生病不能过问家事,所以他在刚满十五岁后便执管了家业,做了商人,把生意经营得井井有条。

方景真为人仗义,重承诺,总是义不容辞、不求回报地帮助他人。有一个叫汪子木的人,他的五世祖及其妻子死后因种种原因,百年之后一直都没有合葬,汪子木一直以此为心结,想方设法地让他们合葬在一起,以便先人可以在黄泉下有个伴,图个心理上的慰藉,但汪氏的其他子孙却不依不饶,坚决不准他们合葬。汪子木百般央求都没用,因此非常气愤,但是怨气又没有地方发泄,就跑到方景真面前抱怨道:"那些不同意合葬的人真是心狠啊,人都死了还不放过,我真气不过,真想雇人杀了他们,看他们同意不同意!"方景真轻抚其背,安慰道:"他们都是汪氏族人,不愿你五世祖夫妇合葬,肯定有他们的苦衷,你用那些刀剑来威胁他们是没有用的,这样做既伤人也害己,而且会事与愿违的,其实我们可以与他们好好商量,心平气和地解决问题。只要你听我的话,这是完全可以做到的。"于是方景真便找到那些不同意合葬的汪氏子孙,以孝义来劝说他们,动之以情,晓之以理,汪氏子孙见他说得合乎情理,最终便同意合葬。

选好日子,做完法事后,方景真还亲自领率那些子孙们将两位先人合葬了,这事连汪子木都不理解。事后,有人问方景真:"这事是汪氏的家事,跟你没什么关系,你为什么要帮他们解决这个问题呢?"方景真笑笑说:"这事是和我没关系,对我来说也没什么好处,但对于汪子木和汪氏家族来说却是一件大事,一件好事,既可以帮助汪子木完成他的心愿,让他的族人在天之灵得以安息,又可以避免因这件事让汪氏家族的人闹出矛盾,你说这样的事难道不值得我去做吗?"汪氏子孙听后都发自内心地敬佩方景真的为人,对方景真也是称赞连连。

有一个姓程的人,年纪轻轻就失去了妻子,终日垂头丧气,闷闷不乐。方景真见他一人很孤单,便出钱为他娶了胡家的姑娘。程氏重组了家庭,重新燃起了希望,生活也慢慢富裕起来了。后来,程氏拿出三百多两金子招募船队做生意,没想到却被盗贼盯上了。有一次,三个盗贼以船员的身份悄悄潜上了他的船,并暗中毒倒了所有船员,拿着所有钱财逃走了。程氏知道后十分伤心,从此一蹶不振。船夫将这个情况告诉了方景真,方景真二话没说,立刻赶去开导他,还借钱给程氏,让其重整旗鼓。在方景真的帮助下,程氏最后成为一名大富商,同时,在方景真的影响下,程氏也热心助人,广做善事。

方景真还经常为他人考虑。他为了方便人们出行,自己出钱在荆州到西渡河去的沙市修建了一座白云桥,又顺便在白云桥旁边兴建了一个尼姑庵,叫做白云庵。朝廷的张太守奉旨来疏通河道,但他利欲熏心,看见了白云桥和白云庵后欲将功绩据为己有,便去除了方景真的署名,并说那些都是公家的业绩。工作完成后,张太守借此功绩被提拔了,到其他地方当官去了。当地人都为方景真打抱不平,请方景真恢复原来的署名,方景真反倒笑着说:"好处在于桥的本身,而不在乎外在的名字,现在桥还在,只是名字没有了,这也不一定是坏事,假如桥都不在了,才真正一点益处也没有了。"人们都对方景真十分佩服,纷纷拍手称赞方景真道:"这才是真正的智者啊!"

　　在徽商中,像詹杰、方景真这样行侠仗义的人还有很多,正是他们不求回报的努力和付出,使得很多人得到了帮助,同时也因为他们行侠仗义,为徽商这个群体赢得了美誉,最终使得徽商在历史的长河中留下了光辉的足迹!

徽州楹联

文墨相交的道昆与于鲁

汪道昆(1526—1593),一名守昆,字伯玉,号南溟,歙县西溪南人,明代中后期著名戏剧家、文学家、爱国将领,官至兵部右侍郎。他三岁时便受祖父启蒙,祖父口授唐诗百首,皆能成诵。有客人来的时候,祖父常令其背诵唐诗,活跃气氛。他六岁时读私塾,聪慧异常,过目不忘。少年时,汪道昆常读一些非科举读物,如稗官野史和小说,曾试作戏曲,遭到父亲的禁止。十九岁时汪道昆为郡诸生,二十岁后曾有一段游学浙江的经历,拜浙江余姚邵世德为师。汪道昆二十一岁时中进士,少年得志,堪称一帆风顺,历任义乌县令、襄阳知府、福建副使、兵部右侍郎等职务。

方于鲁(生卒年不详),活跃于明代万历年间,出生于歙县岩寺,本名大激,以字行,后改字建元。方于鲁本是程家制墨工人,得程君房(名大约)墨法,在三十岁前所造"九玄三极墨"被誉为前无古人。他制墨有独创,是明代四大制墨家之一,与汪道昆为儿女亲家。

方于鲁曾拜歙县制墨家程大约为师,学制徽墨。待学成之后,他便开了墨店自主经营。方于鲁重视制墨的技术改革,多次试验,用精制的桐液替代稀膏制烟,用广胶代替漆和墨,用灵草汁代替橙皮解胶,并精制大批墨模,对徽墨的发展起到了一定的推动作用。因而名重当世的达官贵人争相购用他所制的徽墨,其声誉传九州,从而发财致富。成名后的方于鲁家中常常高朋满座,很多达官显贵都常前来拜访,两都的高官也常与其书信往来,方于鲁因此颇感自豪。

京师里的一个大臣听闻方于鲁的制墨工艺,一日,为了得到方于鲁亲手制的名墨,特地托人从兰州寄来一张珍贵的老虎皮,送给方于鲁做衣服。当时已接近初夏,天气开始炎热。方于鲁为了炫耀自己同这位高官的往来和情谊,急忙将老虎皮赶制成皮衣,不顾炎热穿在自己的衣服外面,在宾客面前炫耀。当时正在故里忙着著书立说的汪道昆,恰巧上门拜访这位亲家。当他看到方于鲁在这么炎热的天气还穿着这样保暖厚重的皮衣时,对他这样故作显摆看不过去。他灵机一动,创作了一首诗讽刺道:

爱杀兰州乾毿绒,
寄来春后趱裁缝。
寒回死等桃花雪,
暖透生憎柳絮风。
忽地出神寻细脚,
有时得意挺高胸。
寻常一样方于鲁,
才着绒衣便不同。

汪道昆想借这首诗告诫方于鲁:你方于鲁依然还是过去的方于鲁,不要因一时虚名冲昏了头脑。

方于鲁听了汪道昆吟的讽刺诗后,顿觉脸红。他知道亲家是想告诫自己应该安心于自己的制墨事业,而不是去彰显盛名。方于鲁想明白后,顿时向汪道昆言谢,两人哈哈一笑,此事便了结了。这之后,方于鲁将皮衣收好,再也没有穿过这件高贵的衣服了。他知道,做人需低调,需安分守己,应着力于眼前的工作,不应好高骛远。这件事也让方于鲁知道,真正的朋友会对你的不妥之处直言明鉴,而不是像大部分人那样阿谀奉承。之后,两人的友情更加深了一步。

方于鲁潜心研究制墨。有一天,汪道昆兴致颇佳,带着好酒前往方于鲁家中,准备与好友饮酒畅聊,可是看到方于鲁闷闷不乐,愁眉不展,大有不如意之事在心头,于是斟好酒问道:"亲家,你还有什么不如意的事呢?如今事业有成,水平都已超过你的老师了,还有什么追求呢?"

方于鲁叹气道:"昨日我同我的老师程君房交谈。他同我说,他制的墨,横绝四海,百年之后,无君房而有君房之墨;千年之后,无君房之墨而有君房之名,我该怎么办呢?"

汪道昆想了想后,开解道:"古人有句话说得好——'贾为厚利,儒为名高',经商是为了获得丰厚的利润,做学问是为了博取高尚的功名。钱财早晚会消耗殆尽,难以传下去,但是功名却能代代相传呀。"

方于鲁听后觉得这想法正中他意啊,赞同道:"是呀!我正想着这回事呢!我是制墨商,一直潜心研究制墨工艺,就是想有所突破有所作为,造福民间。我想把我的制墨事业与技术留传给后人,可怎么个留传法呢?墨是实用品,只有使用才有价值,总不能买墨收藏而不用吧?哪有这样的买家呢?"

汪道昆听后摸了摸胡须,朗朗而言:

胡然而生,寥天一。
胡然而成,函三室。
清则稀也膏,轻则麋也角。

玄德非馨,太冲惟谟。

汪道昆念完,接着说道:"亲家,你知道这是我为你制的'寥天一墨'所做的墨铭吗?"方于鲁顿觉熟悉,拍拍脑袋道:"是呀,是呀,是你为我亲手所写的'寥天一墨'的赞词,亲家你还记得,我方才却忘记了。"汪道昆哈哈一笑,接着朗诵道:

青芝为轮,骖元云。
谁其御之,云中君。
青芝为盖,珥元璧。
薄言荐之,祠太乙。

方于鲁又是一阵惊讶,领会到了其中道理,拍手道:"亲家,你方才念的这两首诗,实在是好啊。我明白你的意思了。你爱好写诗著书,你以你的文章诗词传世,而我,也应该将我的制墨事业与技术流传下去,造福后人。其实,我的墨品是很难传下去的,我想只有把制墨的技巧与方法详细阐明并做成文章才能传于后人。我想编写一本《方氏墨谱》,你意下如何?"

汪道昆听后会心一笑,说道:"亲家好领悟好想法啊。此方法我看甚好!商人要以诚信为本。为人一生,总不能终日与金钱较真吧?要想人生有意义,就应该想想可以为后人做点什么,可以为社会做点什么。这才是人生之道呀!"两人相聊甚欢,共同谋划着理想,不禁举杯畅饮。方于鲁的心结也打开了,不再愁眉不展。

汪道昆告别方于鲁之后,又回到家中忙着著书去了。方于鲁则整理自己制墨的图案,拜访著名画家丁云鹏、吴左千、俞仲康,请他们修整自己制墨的图案并汇编成册,而后寻找当时著名的刻工黄德时、黄德懋兄弟刻制。通过多年的努力,方于鲁终于编成一本《方氏墨谱》。

《方氏墨谱》分为六卷:一、国宝,制墨图案七十三幅;二、国华,制墨图案六十九幅;三、博古,制墨图案七十七幅;四、博物,制墨图案八十九幅;五、法宝,制墨图案五十六幅;六、鸿宝,制墨图案二十三幅,共计三百八十七种,涉及动物、神话、传说、历史等内容,真可谓"形文毕陈,图咏并载"。这些图谱刻画细腻、精致,令人叹为观止。

方于鲁编成《方氏墨谱》后,请汪道昆过目。汪道昆看罢,拍案叫绝道:"亲家,百年之后,你的制墨之法可能会有所改变,但你的《方氏墨谱》会流传不变,后人一定能从中看到你的心血。百年之后,你的子孙可能会把你的财产用尽,但人们会研究你的制墨之法,研究你一生的功绩,你这才不虚度一生呀!"

是呀!人是历史的过客,不但要为当今着想,还要为后人着想,留住历史,推动历史,这才不虚度人的一生岁月。

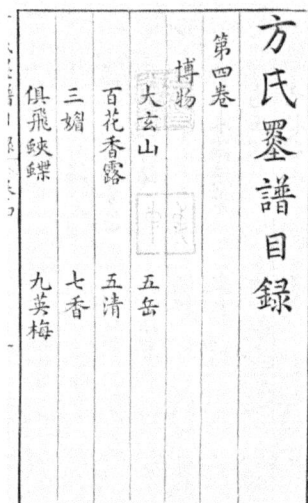

《方氏墨谱》书影

创业与守成的徽商

人们一谈起明清时期的徽商,往往艳叹他们富甲一方,惊奇他们的成功与辉煌,而很少有人注意到他们在成功背后所经历的种种困苦和辛酸。其实,这些成功者中大部分人都经历了这样一条经商之路:家境困顿—立志经营—历经艰险—百折不挠—艰难起家。虽说他们富甲一方,但在经商路上真正最后走向成功的却是很少数人。

明代徽州人汪道昆说:"吾乡(徽州歙县)业贾者什家而七,赢者什家而三。"(汪道昆:《太函集》卷十六,《兖山汪长公六十寿序》)意思是说,自明中叶以后,徽州歙县地区有十分之七的人出外经商谋生,而在经商者中,最终获得成功的只有十分之三。由此可见当时经商创业的艰难。下面我们从徽商江才身上具体看看他是如何创业的。

明代成化、弘治年间,歙县人江才三岁丧父,家道中落,无以为生。十三岁时,他不得不随着他哥哥在家乡靠帮人杀猪卖肉谋生并奉养母亲。后来江才觉得这样苦熬度日,终究不是办法。此时族人纷纷出外经商,不少人很快致富了。在族人的带动下,兄弟俩于是也想走经商之路。他们二人好不容易凑足了盘缠,来到杭州。到杭州后,他们先在人家铺子里打杂,边打杂边学习如何经营。一段时间后,两人有了点积蓄,便开了一间小杂铺,出售米、油、盐等。创业之路是艰难的,兄弟二人恨不得把一个钱当两个用。尽管二人省吃俭用,努力经营,但是毕竟本小利微,一年到头,所获利润还不够维持一家人的日常开支。二人都感到很苦闷,常常相对哀叹。江才更是觉得困守这个小杂铺是没有出头之日的,他决定再出去闯闯。于是他告别哥哥,横渡长江,顺着大运河北上,到达山东一带。在那里,他首先摸熟了市场行情,了解了哪些商品在市场上是紧缺的,然后把握供需状况,审时度势,趋势逐利。为谋取厚利,他利用季节差价,囤积居奇;利用地区差价,大搞贩运活动。如此一来,他逐渐走向成功,资本越积越多。他四十岁时,已成了腰缠万贯的大商人了。(事迹见于明代隆庆年间歙县《溪南江氏族谱·处士终慕江翁行状》)

其实,对于商场成功者来说,创业并不难,难就难在你是否具有开拓进取的创业精神。墨守成规的人,只能做金钱的奴隶、市场的仆人,成功是不会青睐他们的。只有敢于打破常规、敢于冒险、勇于开拓的人才是金钱的主人、市场的驾驭者,成功非他们莫属。徽商江才的成功就充分说明了这一点。从困守小杂铺的小商贩到囤积居奇、大搞贩运的大商人,其成功不仅在于经营方式的改变,更在于他极致的开拓求新的创业精神。

然而,在我国封建社会里,"贫富无定势,田宅无定主",人们的社会地位本来就是起落无常的。尤其到明清时期,由于商品经济的发展致使这种升降浮沉的变化更为激烈,而在从商风习盛行的徽州,这种情况显得尤为突出。明代万历时期的歙县方志就曾这样说:歙县从正德末年至嘉靖初年这段时间社会风气大为改变,出外经商的人越来越多,人们不再重视以耕田为生。贫富无常,交替变换,富者变穷,穷者发家。只有精明能干的人才能家财万贯,笨拙无能的人只能走向衰败。而且贫富不均,人们对金钱更加重视,往往为了一点儿钱就争斗不休。这种情形到嘉靖时期更是愈演愈烈。也就是说,由于经商风习的盛行,徽州地区贫家和富家的地位都处于极不稳定的状态中,贫家因为经商获利而致富崛起,富家因生意蚀本或不会守成而败落的现象已是司空见惯的了。这里便涉及一个问题,那就是经商致富后如何守成? 下面我们还是从徽商身上来看看答案。

在徽州,有个名叫汪拱乾的人,他擅长财务会计,在外面经商有三十多年了。他经商很有一套手段,所收购的货物都是别人以为无用、丢弃或低价处理的,收购之后就储存在仓库中,不久这些东西往往会市场紧缺,价格迅速提升,因此他倒手卖出的时候,往往获利几倍。他利用这种方式经营,资产越积越厚,很快便腰缠万贯了。虽然致富了,但他自己却依然克勤克俭,日子过得非常节省,并且还常常告诫几个儿子不得铺张浪费,不得追求奢华。几个儿子都很听话,个个都生活得很俭朴。

汪拱乾对家人要求节约,但是对外人却是不同的态度,比如有人来借钱,他总是别人借多少就给多少,总之会让来人满意而去。但是却会因此遗留下一个问题。按当时规矩,借钱必须立下字据以作凭证。立字据时,同时也记下所收取的利息是多少。因为汪拱乾借给别人钱,也不急着找人家要债,因此日积月累,本钱、利息加在一起就高得有些吓人了。问题也就在这里,债务高了,欠债的人都有无法偿还的难处,所以就埋下了动乱的隐患。对于这个隐患,汪家人都有所觉察。

一天,几个儿子私下商量说:“当年陶朱公范蠡经商致富,但他却能够做到聚财又散财,没有招致别人怨恨,因此直到今天人们对他依然交口称赞。现在我们父亲聚敛这么多钱,却不知散财,恐怕即使借了钱帮了人家的忙,反而还会遭人嫉恨。"

这些话不知怎么就传到汪拱乾耳朵里,于是他召集儿子,对他们说:"其实我早就有散财的念头了,只是担心你们不理解我不愿照我的话去做罢了,因此一直藏在心里没有说出来。现在你们说出来了,正合我心意,真不愧是我的儿子啊!"

父子们都打开天窗说亮话,彼此的感情更进了一步。于是汪拱乾把那些欠债人都召集了来,当着他们的面把几千张债券、字据全部拿了出来焚烧干净。众人简直不敢相信自己的眼睛,当即都匍匐拜倒在地,个个口里称颂"活菩萨"。汪家的义名更是远扬,普遍得到人们的尊敬。(事迹见于清朝钱泳《登楼杂记》)

汪家几个儿子个个都能独自经营,而且家家富裕,家财一直延传至子孙后代。后来大江南北开当铺的或是木商、布商中,汪姓最多,而其中大部分人都是汪拱乾的后代。(事迹载于光绪《婺源县志》卷三十一《人物·义行》)

读者或许认为这个徽商汪拱乾散财不是典型的傻瓜吗,怎能称得上是精明的商人呢? 其实你误会了,汪拱乾散财不是简单的散财,其背后隐含着深刻的道理。俗话说:"枪打出头鸟。"聚财也是这样,一旦财富超出当时当地社会平均水平太高的话,"高处不胜寒",那么就会面临倾倒的危险。但是在封建社会,财产都是私有的,没有国家宏观调控。在这种情况下,如何避免倾倒的隐患呢? 只能靠自己散财。散财本质上就是救济,是在自己致富的同时,一定程度上带动人们共同致富。散财的途径很多,徽商常见的做法诸如捐资捐物、扶弱施贫、支持教育、赞助各种公共设施建设等。从徽商身上,我们看到守成其实不难,它实际上就是要求富人们能够发扬共同致富的精神。

"创业难，守成难，知难不难"，这句话实在是大道理。

徽州楹联

“惠而不费”的徽商

古人云:“成由勤俭败由奢。”勤俭,千百年来一直被视为中华民族的传统美德,它不仅是创业的法宝,也是持家守成的法宝。尽管明清时期有些徽州盐商的奢侈骇人听闻,但我们应该看到,奢侈无度只是少数极其富有的大盐商的行为,他们既不能代表盐商全体,也不能代表全部徽商。无论是积累还是消费,就绝大多数徽商而言,他们主张“惠而不费”。“惠而不费”出自《论语》,当子张问孔子何为“惠而不费”时,孔子说:“因民之所利而利之,斯不亦惠而不费乎。”也就是说在经济效益上,能够获得实利而不多浪费钱财;在消费上,能够施惠于人而自己却无所耗费。那么明清时期的徽商是如何落实“惠而不费”的呢?

徽商的“惠而不费”表现在创业过程中能够坚持克勤克俭。徽商之勤,天下闻名。他们长年累月跋山涉水,奔波不定,曾被人誉为“徽骆驼”。徽商的勤劳,在创业初期尤为突出。他们是靠自己的辛勤劳动,省吃俭用,铢积寸累,攒成一笔资金后才开始经商的。歙县商人鲍尚志,原先曾祖经商,家中较富裕,后来家道逐渐败落,到鲍尚志出生时,家中就极为贫困了。家中老小不得不依靠祖母、母亲为人缝补衣裳维持生活,经常是两天才做一顿米饭,其他时候只能喝粥。鲍尚志刚满十二岁就到兰溪一家当铺当学徒，每天起早贪黑，尝尽辛苦。店主每逢初一、十五才赏给徒工们一餐肉食。鲍尚志每次得肉，都舍不得吃，总是用盐罐将肉装好，托人捎回家中孝敬祖母。鲍尚志成年后，在江苏会稽替一家盐商料理盐务，前后长达十年之久，但他依然穷困潦倒。后来，他向亲友借了二百两银子，独自开始盐业经营。他精心管理，勤俭经营，很快便获利丰厚，生意获得了大发展。又如婺源人江应萃兄弟六人，因为家贫，乃前往江西景德镇替人打工，工钱相当微薄。六人平时宵衣旰食，省吃俭用，好不容易积累了一些资金，于是便自己开了一个瓷窑，开始走上成功之路。可见，徽商在创业之初，为了达到事业成功，都是极其勤俭的，谈不上浪费。

徽商的"惠而不费"还表现在致富后守成阶段中能够坚持消费有度，反对奢侈浪费，提倡经济实用。许多徽商在商业有成，家业隆起以后，依然坚持俭朴，生活虽富犹朴。据一些方志记载，当时不少徽商善于经营，所获利润丰厚，资产比起其他地方商人来不知多了多少倍。他们大都表面上雍容风雅，喜好打扮装饰，说起话来夸夸其谈，以善于经营而名扬海内外。可是他们家里的生活状况却出人意料，他们日常生活极其俭朴，一意积蓄却不愿消费。据当时的资料记载，一般情况下，贫家每天只吃两餐，富家每天吃三餐，吃的也只是以粥为主。如果有客来，最多改为黍饭而已。一般家里也不畜养马匹，不畜养鹅鹜。他们甚至一天比一天吝啬，不像苏州一些地方的商人那样收获十分却要花掉百分。所以徽商积累的资金多得惊人，即使最富裕的池阳富家，也不能和徽商相比。这些记载自然有些夸张，不过多少反映了不少徽州人致富后依然保持克勤克俭的生活方式。

明代就有文人指出："以豪富大贾称雄的地区，在江南则首推徽州,在江北则首推山西。徽州巨商,以鱼盐为主要经营行业,他们经营资产有高达百万的,至于资产二三十万的,只能算是中等商人。……虽然徽州人很富裕,然而他们生活却很俭朴吝啬,吃饭穿衣,只求个温饱而已。"这个看法说明徽商致富后,在消费上一般是反对铺张浪费的。

例如,清代徽州大商人鲍志道,历经几十年经商生涯,最后成为两淮盐务总商,可谓徽商中的拔尖人物了。他身任总商二十年,家中资产高达几十万。当时扬州盐商生活奢侈成风,一掷千金。然而,鲍志道却不和他们同流合污,他不但自己保持勤俭,而且还严格督促妻儿也要勤于洒扫之事。家里不许添置车马,不许花钱邀请戏班演戏,对生活浮浪的客人,不准留于家中。在他的严格督促下,他家一直保持勤俭作风。鲍志道毕竟是商人中的头面人物,他的一举一动也时刻影响着其他人。在他的影响下,扬州的奢侈之风大有改变。

"惠而不费"亦表现在徽商的仁心济世上。徽商虽说在日常生活中强调克勤克俭,但是每逢百姓遭遇水涝灾害等,他们要么力所能及地竭诚捐赈,拯救灾民于水火之中;要么出谋划策,力图缓解百姓的苦难;要么坚持以义为利,不发国难财;要么积德行善,不赚黑心钱。如徽商鲍峻,原先家贫,后来通过经商致富。致富后,他并没有把消费方向投向奢侈浪费上,而是通过捐资、捐物、捐军饷等形式报效国家,获得国家的表彰。他的儿子鲍魁也继承父亲的作风,喜好施舍。乾隆年间,家乡发大水,田地被淹无数,鲍魁捐资捐粮救活民众不计其数,后来又出资采石开山修筑道路,为家乡做尽了好事,深受百姓的爱戴,也体现了商人为社会作贡献的社会价值。

徽商通过慷慨报效国家、捐赈灾荒、捐助公益等活动,博取好名声,从而进一步赢得社会对商贾地位的认同。这种"惠而不费"的消费观念,与其说它是一种义举,不如把它看成是徽商的一种精明的投资,因为它对赢取商德口碑乃至于顾客、对扩大商人及整个商帮的知名度并获得社会的广泛认同、对消除徽商商帮的商业扩张阻力,都发挥出了极为重要的作用。

宏村南湖书院

孝亲持家的徽商贤内助

　　明代嘉靖年间,歙县溪南涌现出众多富商,其中最为突出者当属郑家。郑家主人叫郑定之,常年在外经商,因善于经营,很快便致富了。成功男人的背后一般都会有一个支持他的女人,此话放在郑定之身上,再恰当不过。郑定之的夫人就是被远近乡民广为称道的人。这并非因为郑家巨额财富全部归她掌管,而是因为她孝顺慈爱、待人宽厚、德才兼备,是郑定之真正的贤内助。

　　起初由于家境清贫,郑定之弃学从商。初入商场,缺乏经验,他加倍努力,全身心地投入经营中,因而照顾家庭的任务便落到郑夫人身上。丈夫经商伊始,家里几乎所有积蓄都被带走了。虽然生活很艰难,但郑夫人总是能想到办法弄些好吃的东西侍奉公婆,不让他们受一点点苦。而私下里,她自己不舍得吃不舍得穿,勤俭节约。虽然郑夫人已经想尽一切办法侍奉好公婆,但毕竟婆婆年纪比较大了,身体状况不是很好,总是病快快的。

　　郑定之看到母亲衰弱的身体,感到很难过,总觉得自己没有照顾好父母,内心一直很自责。一天晚上,经商归来的郑定之独自在屋外祷告,为母亲祈福。郑夫人看到郑定之忙完生意后回家还要担心母亲,心里也很难过,她安慰郑定之说:"不要担心,母亲会好起来的，你不要太伤心了。"郑夫人更加用心照料婆婆。看到婆婆嫌药苦而不愿吃，她心里很着急，想着各种法子让婆婆吃下。她将药熬成粥侍奉婆婆吃下，并一直寸步不离地陪着。郑定之对郑夫人说："你去休息吧，我一个人来照顾就行了。"郑夫人不但没有走，反而对郑定之说："你的母亲也是我的母亲，照顾好她也是我的责任。"郑定之听了之后非常感动，心想娶了个这样孝顺的妻子，再艰苦的日子也能走下去。

家里兄弟子侄很多，他们也都被郑夫人照顾得很好，家里总是洋溢着快乐的笑声。正是在这和谐的大家庭里，郑夫人的婆婆才得以享尽天伦之乐，得享高寿，终年九十余岁。婆婆去世时，郑夫人因为哀恸过度又终日劳累终于病倒了。郑定之让她躺在床上好好休息几天，但她仍按俗规完成了服丧。婆婆去世后，兄嫂如父母，郑夫人以对待父亲的态度对待哥哥，以对待母亲的方式对待嫂子，一家人关系非常融洽。

有一年，嫂子患上了传染病，家里人都忧心忡忡，不敢接近嫂子，怕被传染了。而郑夫人在家中泰然处之，早晚都会去探望嫂子，陪她说话，给她熬药，为她端茶倒水。别人都劝郑夫人离其嫂远一点，郑夫人却对他们说："她是我的嫂子，我不去服侍她，难道眼睁睁地看着她病死吗？"在郑夫人的悉心照料下，后来嫂子竟奇迹般地痊愈了。亲情是最好的良药，正是在郑夫人的悉心照料下，其嫂才心情舒畅，意志坚强，最终克服了病患。

郑夫人持家有方，处理事务有条不紊，所以宗族中制定族法族规，她也会被邀请参加，她的意见也得到族中父老的重视。

郑夫人责任心很强，直到八十高寿时，仍时常感叹诸多事物尚未完成。子女们纷纷劝慰她："儿女们都已成家立业了，您该放心享福了，不必担忧我们，平日里不要总苦着自己啦！"郑夫人叹了一口气说:"我只是希望我们郑家蒸蒸日上,儿女们事业有成。你们切记:家人和睦,相互帮衬才是最重要的,否则我虽死也难以瞑目!"

郑夫人聪明能干,在她的教育下,子女们个个通情达理,对人礼遇有加。家和万事兴,郑氏家族之所以能兴旺发达,受到族人和乡邻的尊重,郑夫人功莫大焉!

郑夫人的事迹告诉我们,要想得到世人的尊重,取得别人的器重,光有钱是不行的,最重要的是有高尚的品德。

轻缈小扇满庭芳

好义守信的徽州朝奉

明代嘉靖年间,在徽州南部有个县城,名为休宁县。这个地方虽不大,却极其有名。世人都道:"齐云山,神仙洞;武状元,在休宁。"齐云山和连着出现武状元让休宁县名声大噪,无数人慕名前来齐云山修行,只盼着在武举中胜出好当个封疆大吏。

家住岭南乡的汪通保现年十三岁,虽年少,却老成。母亲一心盼着他能学有一技之长,便四处在乡里乡亲间借了一些钱让他出门学个手艺谋生。但通保自小喜爱耍枪弄棒,想去齐云山寻师学武。母亲无奈,就遂了他的心愿。就在通保要离开家的前一夜,母亲在一盏枯灯下,穿针走线,为他缝补出门穿的衣裳。第二日,通保备齐了干粮和水,带上厚厚的冬衣,在母亲殷殷的叮嘱下踏上了前往齐云山的路。

这一路北上,并不如通保原来想的那般容易。从家带的干粮只剩下一个馒头了,一路上虽有驿站能够补给,但是通往齐云山的路越来越偏僻,少有人烟,通保必须在天黑之前找到一个可供休息的树林,这样还能摘点野果,寻寻水源。

傍晚时分,通保终于走到了一个树林外头,可树林中浓雾密布,隐隐约约,看不大清楚。天色渐渐暗下来,但要去往齐云山,必须经过这片林子。天黑莫入林，通保虽只有十三岁，却也懂得这其间的利害关系。几番考量，通保决定先在林子外围找个安全的地方休息一晚，待第二天一早再继续赶路。

生好了火堆之后，通保靠着一棵大树准备休息，就在这时却有窸窸窣窣的声响自远而近传来。

"难道这林子里还有野兽不成？"这样想着，通保从火堆里抽了一根木棍，屏住了呼吸，等着其不断靠近。朦朦胧胧间似一个人踉踉跄跄地跑来，通保仔细一看，原来是一中年汉子受了伤，正从林子里奔出来。

却说那汉子看见这么个少年，忙喊道："这位小兄弟救我！"通保忙上前扶他坐在地上。这汉子小肚子和胳膊上正流着血，伤势较重。可能由于长时间奔跑，他脸色苍白，浑身汗湿，且体力似乎也不支了。见通保谨慎地看着自己，汉子说："我乃是休宁县岭南乡人，只因回家途中打尖住店时漏了几分财气，哪承想那黑心的店家竟派人跟踪于我，想要谋财害命，我寡不敌众，拼着挨了两刀打倒两人，这才慌不择路逃了出来。"

通保一听，原来是一位老乡，心下略定了定，但未动声色。那汉子见通保并未言语，不觉有些着急，便说道："小兄弟，我说的话句句属实啊！我真的是岭南人士，只是早前跟人去了松江，这些年未曾回来过。在松江我有自己的营生，日子过得还算富足，只因惦念家中老父母，这才跋山涉水寻亲而来啊！谁知竟遭歹人暗算。"话到这里，那汉子竟有些哽咽。

通保这才明白原委，忙道："原你也是岭南人啊，我家祖上是岭南汪家，你可认识？"

汉子一听，忙喜道："那敢情好，这岭南乡我虽有十几年未曾回去，但岭南汪家却是识得的。我姓周，名福，比你年长，今年三十，你只管喊我福哥便是。"

通保忙叫了声"福哥",又帮他止血,包扎伤口。通保平日里曾给家中受伤的阿猫阿狗包扎过伤口,现在给人包扎倒也熟练,好在伤口不深,很快便处理好了。他又回身把这附近的血迹给掩了,再撒上细细的一层沙土,倒也看不出周福来时的痕迹。

周福靠着树,看着通保将这些事儿一件件处理好,心下欢喜,觉得通保虽年少,但很能干,又心细,是个难得的人才,他便暗暗做了个决定。

待通保回来,周福问道:"小兄弟,你这是要去往哪里?"

通保回道:"我准备去齐云山寻个神仙师傅,学门武艺,好学成归家参加武举,也中个武状元光宗耀祖。"

二人又聊了一会后,周福说道:"这齐云山虽是仙山,但这些年,我听说不少人前去一探究竟皆有去无回,况且这武举可是要拼尽全力的,弄不好就把身家性命给赔进去了。你家中尚有老母健在,何不寻个手艺,谋个踏实的营生,早日赚钱养家,归乡后也好给母亲一个安稳的生活啊。"

汪通保听罢,心念一动,问道:"福哥,先前听你说你在松江做些买卖,是什么营生?"

周福笑道:"也不是啥大买卖,就是给人图个方便,做些个典当之事。生意大的叫典,生意小的叫质,再小的叫押,典与当的性质基本相同,只是有赎期长短、利息多少之区别。押则相反,大都是盗贼、赌家来抵押外来之物。也有贫穷人家因一时用钱,拿来一两件物品抵押取钱的,等他有了钱后再来赎回。说白了,就是别人拿些值钱的物件来我这里抵押,换取银子的营生。"

通保听后,没有再接话,可心里却有了自己的计较:"周福这人今日虽落魄于此,但日后必定会回去。我若能跟在他身边学些买卖手段,将来再自己出来做个小本买卖,赚足了银子,也好回家奉养母亲。再说,今日我也算救他一命,想来我说跟着他回松江,他必定不会推辞。"想到这,通保便说道:"我少时总听乡里人说起松江的好处,早就想去那里看看,福哥既已在松江做大了买卖,想必也在松江认识不少能人志士。我此番出来,母亲本就想让我学一门技艺好傍身,不知福哥是否方便带小弟一同回松江见识见识?"

这话正中周福下怀,周福心里一乐,当即说道:"好说好说,这样,我们先在这休息一夜,明早赶紧进城寻个客栈住下,待我差人传个口信儿回老家,我们就一同前往松江好了。通保兄弟年纪虽不大,却颇有胆识,真是英雄出少年呐!若不嫌弃,到了松江先来我店里见识一番可好?"

汪通保一听,便知这周福答应把他带往松江历练一番,心下便把前往齐云山寻师学武一事儿抛得干干净净,当即便说:"哎!好嘞!"

汪通保跟着周福这一路前往松江倒也没再遇见歹徒,二人小心谨慎,一路北上又继续向东,终于在长江租了个船一路顺着江水到了松江。

这松江乃长江入海口,人来人往,小贩叫卖声、摆摊的吆喝声不绝于耳,好不热闹。通保对这个热闹的城市充满了好奇,决定好好跟在周福身边学学做生意的本事。主意一打定,通保便跟在周福身后进了城。

周家当铺在松江最为繁华的大街上,这里每天人来车往,穿过门口的马路就是一座青石板铺就的江堤,店铺前有一条蜿蜒绵长的小河,每天从这上岸的行人多不胜数。船只在江中央飘荡而过,船公的哨子声绕着整条河流绵延不绝。堤边还有前来浣洗的姑娘,水声、歌声、笑声……都让通保觉得趣味十足。

"福哥,你这店铺的位置顶好嘞！你看这每天人来人往的多热闹！"

"通保兄弟,这做生意嘛,就要讲究图个方便。给顾客行方便,我们不也就方便了吗？我这店铺之所以选在这闹市,就是想让大家伙儿知道,这里有个当铺,我这地儿可以做银钱中转之事,可以解燃眉之急。"

汪通保听后,默默把话记在心里,跟着周福进了店。

这店里有个红木柜台,一老伯看见二人,急忙从柜台旁的小门出来,说:"当家的,您总算回来了！这么久怎么不捎个信儿回来呢？现在世道这么乱,若您出了啥事,咱们这一家老小可咋办呐？"

"鑫伯,别担心,我这不是回来了嘛。给你介绍个人,这位是休宁汪通保,我老乡。这路上正如您所说遇上了歹人,我差点将命丢了,多亏了通保兄弟啊！"

"通保,这是我当铺的掌柜的,你只管喊他鑫伯便是。你先在我这住下,若感兴趣就来店里看看。我虽不是什么大家商户,但做生意的经验还是可以告诉你的。"

汪通保听后,对周福说:"福哥,我一个人来到这里就想见些大世面,可巧您这每天都十分热闹,是再好不过的去处了。我愿意跟在鑫伯身边,学学看宝贝、做生意的手段！"

周福连声说:"好！好！"

汪通保便留在了周福的当铺里当了个学徒,每天跟在鑫伯后面学记账、易物……日子一天天过去,通保跟在鑫伯身边学到了不少知识。周福不时会提点一二:"通保啊,你要记住,咱们虽然做生意要赚钱,但必须是我们自己辛苦赚来的钱,昧着良心的事儿咱可不能做。我们典当这行,最讲究个信字,一定不要失信于人呐！"

五六年,弹指一挥间,通保积攒了不少银子。他把其中一部分包好,找了个可信的人送回了家,剩下的准备自己开个店。

汪通保打算自己做点生意,他谢辞周福后,在松江逛了好几天,终于在巷口找到了个店铺,打算先开个小店。

来松江这几年,汪通保闲时便会收集一些小物件,物件虽小,却精致非常。这些物件现在都派上了用场。汪通保找人做了几个木头架子,错落参差地隔间,再加上这些小巧新奇的物品,让人一看就觉得新奇。

就这样,街坊邻里一传十,十传百,大家都知道这儿有个小店,里面的东西好玩又便宜。

汪通保每天精心打理着小店,知道小店的人越来越多,有些顾客都成了老主顾。几年的时间,他的生意越来越红火,钱也慢慢攒多了。

每日倒卖这些小东西,毕竟不是长久之事,通保将这些年积攒的钱取出来,准备买个大点的房子,做些大买卖。他在周福的店里学了不少本事,所以想要做回典当的生意。

最终,他选择在闹市口买了一幢居家老屋。老屋的房子多,场地大,可以将多余的屋子作为仓库使用,但就是进出不太方便。

汪通保想:"做生意,即是开门迎客。周大哥先前同我说要与人方便,我不能让大家在门外等着,得想个法子让大家不用等就能进来才是。"

汪通保决定将老屋的砖墙四面开门接待客人,不让顾客等候。大家对于这样一个店铺都感到万分新鲜,在前来典当的时候,不用担心排队的事儿了。汪通保的店铺越开越大,门面也越来越多。最后,凡是交通要道之处均有他开设的当铺。

这么多的店面,急需大量人手。汪通保在门口贴了告示,上面写清了招聘伙计的条件和待遇。他挑选了一个吉利的日子,开始考核应聘的人。就这样忙活几天，当铺的人员安排终于解决了，生意也迈上了正轨。

他同伙计们约定："我们做典当生意的人，得讲良心，讲究薄利双赢，不可利欲熏心。例如，结算时尾数要付给顾客，切切不可克扣。克扣了顾客的一点尾数，就等于伤害了顾客的一片心，伤害顾客心的生意千万不要做。经商不要以日计算盈利，要从长年计算。人家取五分利，我取四分利；人家取四分，我取三分；人家取三分，我取二分。总之，要益于来客，益于穷人。客多利多，客少利少呀！切记切记，千万不可做断头生意。"

因为这一点，人们都知道汪通保的当铺诚信又实在，顾客纷纷涌来，他的生意年年兴隆。

做典当生意的，每天要接触各种各样的顾客，但汪通保对待所有人都一视同仁。有一个姓朱的秀才，与汪通保一向交好。他私藏了五百两银子，因苦读四书五经，一心一意追求科举，想应考做官，没有时间经商，但又不想将这笔钱闲置在家，怕被家人发现，所以该把这笔银子藏在哪成了朱秀才的心病。

一日，汪通保在酒肆喝酒，看见了朱秀才，于是二人便同桌对饮。酒过三巡，朱秀才按捺不住，想着通保为人实诚，又聪明，便对汪通保说："我有五百两银子，但是这笔银子又不方便带在身上，你正好有个典当铺，你看我把银子放在你店里生息，等我需要用的时候，我再来取，可好？"

汪通保拱一拱手，感谢道："可以呀！你信任我，你就拿来吧，我年年付息。"

朱秀才说："我拿来，你不要让任何人知道。"

汪通保说："那当然，我绝对为你保密。"

朱秀才把五百两银子存在汪通保的店里后，并没有想过有利息可图,但汪通保的生意越做越大,按照之前商量好的利息约定,汪通保应付给朱秀才的利息也越来越多,数年间,本息累计一千八百两银子。

可是有一天,朱秀才出门拜访名师,会晤学友,不幸意外死在途中,这笔银子顿时没了主。汪通保得知后,不知道这一千八百两银子同谁结账,为此烦恼不已。

账房先生说:"朱秀才生前存的这笔钱,他一家人都不知道,这笔钱我们就可以不用给了。"

汪通保说:"这怎么行呢?天知,地知,你知,我知,他一家人虽然都不知道,可我们知道呀,何况我是他的朋友。况且,我们是徽商,徽商诚信经营名闻天下,徽商若没有诚信,哪有今天?我想将这笔钱归还他的父母,由他的父母享用。"

账房先生说:"要归还就归还本金吧,当初他拿来五百两银子,现在还他五百两就可以了。"

汪通保说:"当初说的利加息,息加利,是我们俩人当面约定的,约定好的利息怎能不归还呢?债主死了,债主的家人还在,何况我们借他的这五百两银子,我们也是赚了钱的。人要讲良心呀,商人更要讲良心。君子爱财,取之有道,这才扪心无愧。"

汪通保主意已定,立即怀揣一千八百两银子寻访朱秀才的父母,到处打听朱秀才的家,终于在一条巷弄里找到朱秀才的家。朱秀才的父母正在为朱秀才的暴卒哀伤,哭哭啼啼,残烛老年不知如何度过。

汪通保说明原委后,就把这一千八百两银子如数奉还给朱秀才的父母。朱秀才的父母接到这笔钱后意外万分,一再地向汪通保作揖拜谢,激动地说道:"真是好人哪,想不到徽商这么讲良心。我儿避开我们藏私房钱,汪老板却亲自送上门来,连本带息一个子儿也不少,这样的老板天下哪里有哟,难怪徽商信誉这么好!"此事一传十,十传百,大家都盛赞汪通保的美德,纷纷同汪通保做生意。自己没有生意可做的,也介绍他人同汪通保做生意。几年间,汪通保的生意越做越大,几乎占了半条街。

汪通保虽然成了有钱人,但对于周福的帮助,他依旧万分感激。他亲自回了趟岭南,在岭南到处打听周福家人的下落。功夫不负有心人,他终于找到了周福年迈的父母。他拿出周福之前给的信物,将二老接回自己的家里。几天后,汪通保将周福的父母和自己的母亲一同接回了松江,以享天伦之乐。

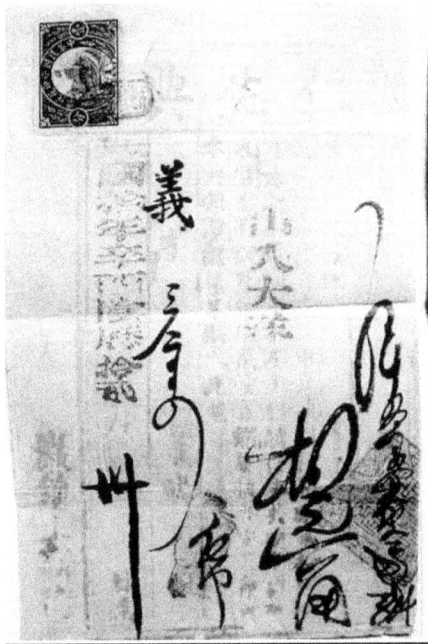

徽州歙县岩寺"仁生"典当铺当票

书商吴勉学的出版成就

　　明朝以前徽州坊刻（即民间商业出版）并不见起色，明中叶以后，在徽商的带动下，徽州坊刻迅速崛起，赶上甚至超过苏浙的刻书中心。徽州书商吴勉学便是当时最为著名的出版家之一。

　　吴勉学，字肖愚，又字师古，明代隆庆、万历年间歙县丰南人，生卒年不详，其家世代从商。吴勉学少年喜好读书，后做官，官至光禄署丞，不久弃官回家从商，利用丰富的藏书，建立刻坊"师古斋"，是典型的先儒后贾的徽商。吴勉学凭借雄厚的家资和丰富的藏书，刊刻了大量图书。据统计，吴勉学一生刊刻出版图书300余种3500余卷，尤其以刊刻大量的医学图书闻名于世，其刻本被称为"吴本"。

　　吴勉学可以说是一位弃儒从贾的徽商，年少时尤其对医学兴趣浓厚。普济众生，功德传世，这是中国儒学的人生价值观。虽弃儒从贾，但儒者的人生追求却依然是吴勉学生活的不二宗旨。民间相传，吴勉学一日做梦，梦到自己被逮入阎王殿，阎王判其寿辰已终。吴勉学忙叩头乞求活命。站在一旁的判官也禀告说："吴勉学阳寿未尽。"阎王问吴勉学有何理由为其延续阳寿，吴勉学连连叩头说："我愿广做好事。"阎王又问："你能做什么好事？"吴勉学说："我看过很多医书，大多有讹误。我愿意对这些医书重新校对、订正并重新刊刻印行。"阎王再问:"你要刊刻多少医书?"吴勉学答曰:"我愿意倾尽家产私刻之。"阎王问:"你家产有多少?"吴勉学说:"有三万两。"阎王遂允而释放之。吴勉学梦醒后,为兑现梦中诺言,遂广刻医书。此传说显然荒诞不可信,但它侧面反映了吴勉学对有诸多讹误的医书深恶痛绝,致力于校正并重新刊行,从而实现了功德传世的愿望。

封建传统社会里,功德观与正统观互为体用,相辅相成。建立功德,必宣扬正统;宣扬正统,是建立功德的途径之一。因而,吴勉学刻书虽是坊刻,但所刻之书大部分是所谓正统之书,如《十三经》《二十子》《历代史正》等经史子集之类,以宣扬正统文化。吴勉学刻书以医书闻名,其刊刻的医书亦坚持他的统脉观念。在万历二十九年(1601)刊刻大型丛书《古今医统正脉全书》的序言中,他说:"医有统有脉,得其正脉,而后可以接医家之统,"充分表明了他的统脉观念。

明中叶以后,坊刻大兴,但坊刻的质量参差不齐,有的坊刻为追求利润而不惜粗制滥造。吴勉学的师古斋虽是坊刻,但其"尝校刻经、史、子、集数百种,雠勘精审",意思是校订并刊刻经史子集达数百种图书,校订文字十分精细。无论是经史子集,还是医学风水之书,坚持质量为上是吴勉学贯彻始终的原则,其刻书质量在当时首屈一指。

如当时人谢肇淛说:"书所以贵宋板者,不惟点画无讹,亦且笺刻精好,若法帖然……新安所刻《庄》《骚》等本,皆极精工,不下宋人。然亦多费校雠,故舛讹绝少。"意思是图书质量以宋版图书为最宝贵,不仅文字没有错误,而且纸张好,刊刻精美,好似描摹的字帖一般……徽州人所刊刻的《庄子南华真经》《离骚》等图书版本,都极其精美,其质量不亚于宋代版本。这是由于徽州人刻书在校订文字方面颇费工夫,因此绝少出现讹误情况。"宋板"质量之精,最受收藏者推崇,而吴勉学的刻本却不亚于宋板。谢肇淛是明中叶的鉴赏大家,他所指的《庄》《骚》刻本即指吴勉学所辑刻的《二十子》中的《庄子南华真经》和《楚辞集注》中的《离骚》。可见,吴勉学辑刻的质量之高。

此外,吴勉学的刊刻之功,还得到清代钦定《四库全书》编纂者的肯定。《四库全书》的编纂者在辑录《河间六书》时,以吴勉学的刻本为通行本,并特别提到吴勉学的辑刊之功:"《河间六书》二十七卷,明吴勉学编。勉学,字肖愚,歙县人。是编裒辑金刘完素之书,凡《原病式》一卷,《宣明论方》十五卷,《保命集》三卷,《伤寒医鉴》一卷,《伤寒直格》三卷,《伤寒标本》二卷,附《伤寒心要》《伤寒心镜》各一卷。名为六书,实八书也……今存其总目于此,以不没勉学缀辑刊刻之功焉。"不仅如此,其校勘质量也得到《四库全书》编纂者的充分认可,并作为编纂者校勘的范本。如梁朝刘孝标注的刘义庆撰的《世说新语》中就有不少错误,《四库全书》编纂者依据吴勉学刻本对其进行校改。如刘孝标注本卷中之上,"方正魏文帝受禅,陈群有戚容,注义形于色(刊本形于讹于其,据吴勉学本改)",又如卷中之下"赏誉世目谢当为令达注超悟令上也(刊本超讹招,据吴勉学本改)"。

吴勉学所校勘刊刻的《十三经》(15种90卷)、《周易本义》(14卷)、《书经集传》(38卷)、《文选六臣注》(60卷)、《四书集注》(4种19卷)、《性理大全》(70卷)、《海岳山房存稿》(25卷附录1卷)等都是传世善本书。这些善本书的辑刊确立了他坊刻大家的地位。

明中叶俗文学的兴起,为坊刻提供了广泛的刻书资源,追逐市利也成为坊刻的特色,凡有所需,书坊即为所刻。明人叶盛说:"今书坊相传射利之徒,伪为小说杂书,南人喜谈如汉小王(光武)、蔡伯喈(邕)、杨六使(文广);北人喜谈如继母大贤等事甚多。农工商贩,抄写绘画,家畜而人有之,痴骏驹女妇,尤所酷好。好事者因目为《女通鉴》,有以也。甚则晋王休征、宋吕文穆、王龟龄诸名贤,至百态诬饰,作为戏剧,以为佐酒乐客之具。有官者不以为禁,士大夫不以为非,或者以为警世之为,而忍为推波助澜者,亦有之矣。意者其亦出于轻薄子一时好恶之为,如《西厢记》《碧云騻》之类,流传之久,遂以泛滥而莫之抹欤!"李诩也深有感触:"吾少时学举子业,并无刊本……今(隆庆、万历)满目坊刻,亦世华之一验也。"市场需求成为坊刻的指南针。

作为坊刻,必然要追随市场需求,吴勉学坊刻的兴旺,也与他瞄准图书市场密切相关。但与其他书贾追求出版俗文学类的图书不同,吴勉学在市场面前却能独辟新径。出身于徽州的吴勉学自幼便热爱医学,在新安医学的熏陶下,吴勉学自身便具有了广博的医学知识。在常年阅读医集的过程中,他发现诸多医集存在着大量错讹。医集中的错讹其恶劣影响是显而易见的,轻则延误健康,重则危害生命。前文中吴勉学"冥司案"传闻中,切合实际的当是吴勉学的"吾观医集,率多讹舛,当为订正而重梓之"之语,其他的当是后人据此附会而已。

吴勉学认为校刻医集,不仅是功德之举,同时也存在着巨大的市场,何况丰富的新安医学可以作为其强大的资源后盾。吴勉学辑刻的医学丛书中仅《古今医统正脉全书》《痘科大全》《东垣十书》《刘河间伤寒六书》等就有72种273卷。"歙吴勉学一家,广刻医书,因为获利,乃搜古今典籍,并为梓之,刻梓费及十万。"可见,选择刊刻医集,充分体现了吴勉学作为出版家的韬慧。

在追求质量的同时,吴勉学以雄厚的资金,联合其他书贾尤其是徽州书贾共同刻书售书。

首先，在经营模式上，吴勉学联合其他坊刻书贾尤其是同族共同经营，如同族刻书名家吴养春、吴琯等。其联营形式主要有：自己出资，请其他人校勘；自己校勘，请其他书贾代为刊刻；自己刊刻，请其他书贾代为销售。如此联营，可以壮大自身校勘刻印的力量，同时也可缩短刻印周期，获得最大的经济效益，还有利于资金周转。如《二十子全书》，吴勉学请徽州校刊名家黄之寀负责校刊，自己负责刻印，刊印周期大大缩短。如刊印《古今医统正脉丛书》，该丛书上自《黄帝内经》，下至当代医学著述，上下跨度大，纵横范围广，专业学识性强，仅靠一家之力，难以完成。吴勉学父子与著名医学家王肯堂合作，最终完成。又如吴勉学与书贾张一桂共同校刻《资治通鉴》等。吴勉学一生刊刻书籍达300余种3500余卷，如此恢弘的刻印数目，与他联营的刻印策略是分不开的。

其次，在刻书气势上，表现出了出版大家的霸气。吴勉学热衷于刊刻出版大部头的丛书。如自辑《二十子》（20种143卷）、《十三经注疏》（24种202卷）、《古今医统正脉全书》（44种204卷）等，尤其是《古今医统正脉全书》刻书费用多达10万金，获利后乃搜古今典籍，并广泛梓行，是我国最早汇刻的医学丛书之一，至今仍被列为中华十大医学丛书。这种大手笔气势，是其他坊刻望尘莫及的。

再次，装潢上，更显大家气势。如辑刊大型图书《文选六臣注》（60卷30册），在版式、装订和装潢上极为考究。其行格，每行上列大字为文选原文，每页18行，每行18字。原文下列小字为唐六臣（李善、吕延济、刘良、张铣、李周翰、吕向）注文，注双行，每行亦18字。原文大字厚重，注文小字瘦削。其书口为左右双边，白口，双白鱼尾。天头留白甚多，可作批注之用。全书版式划一，文字精美，原文、注文一目了然。全套书采用线装，并使用精美的函套包装，既美观，又实用，更体现艺术性。又如《性理大全书》（70卷），采用竹纸，开本为25.5×17厘米,半框为21×15厘米。版心也是白口,双白鱼尾,左右双边;行格为每页10行,每行20字,注双行,眉栏字数不定,版心下刻有字数,天头留白,卷末刻有"新安吴勉学重校"牌记字样。该书装潢上采用线装函套,整体规模宏大,刻工精良,装帧精美,装订考究,非一般财力者所能做到。吴勉学辑刊《花间集》及《补遗》,更借助雄资采取彩色套印,这在彩色套印技术刚刚诞生的明中叶实为凤毛麟角。

吴勉学校正《外科精义》书影

(四周双框,每页10行,每行19字,单鱼尾,白口,24×16厘米)

酷爱刻书的徽商"二马"

清代图书出版的历史形态主要是刻书。清代刻书有官刻、坊刻和私刻三种主要类型。清代私刻空前兴盛，出版主体一般是学者士人，他们利用自己丰富的藏书进行校勘编印，一般以崇尚文化为宗旨，不以市利为目的。明清时期徽商贾而好儒，他们以雄厚的资金和丰富的藏书为后盾，也积极加入私人刻书的行列，"扬州二马"便是典型代表。

"扬州二马"是指清代乾隆、嘉靖年间在扬州从事盐业经营的徽商马曰琯、马曰璐兄弟。马曰琯（1688—1755），字秋玉，一字嶰谷；马曰璐（1697—1761），字佩兮，一字半槎，祁门城里人，其祖父、父亲都在扬州经营盐业，遂定居扬州。马氏兄弟继承祖业，继续经营盐业，为扬州徽商巨富，因兄弟二人财产不分彼此，志向相同，又均多才艺，同以诗名，故人称"扬州二马"。马氏兄弟雅文好古，考校文艺，酷嗜典籍，马曰琯著有《沙河逸老小稿》《嶰谷词》等诗文集，马曰璐著有《南斋集》《南斋词》等诗文集。

马氏兄弟家有丛书楼，藏书甲大江南北。《四库全书总目》著录马氏藏书有373种5529卷，其中经部57种670卷，史部123种1658卷，子部43种731卷，集部150种2470卷。乾隆三十八年（1753），北京四库馆开办,马曰璐之子马裕献藏书776种。乾隆御赐《古今图书集成》1部、《平定伊犁金川诗图》1幅,并亲题《鹖冠子》相赠。马曰璐编有《丛书楼书目》,从书目可以大致了解马氏兄弟的藏书概况。

马氏兄弟有"南斋"朱文小长方印、"半查"白文方印、"臣璐私印"朱文小方印、"南斋秘笈"朱文小方印等藏书印章,这些可用于鉴定马氏藏书。马氏兄弟家设刻印工厂,在短短60年左右的时间里,前后刻书达五六百卷,这在手工刻印时代是很不容易的。其刻书无论装帧还是字体,堪称精美,时称"马版"。

"二马"刻书成就突出,主要体现在三个方面:其一,"二马"刻书数量很多;其二,"二马"刻书精美,有"马版"之称;其三,"二马"刻书具备了清代私家刻书的一般特征,即不图市利,崇尚学术。

"二马"刻书属私刻,也叫家刻,其刻书目的与官刻、坊刻明显不同,甚至迥然相反。官刻是为统治者服务的,编刻者抱着完成任务或建立功名的目的;坊刻则完全从市场出发,追逐市利;而家刻除少数自觉为统治者编刻以外,绝大多数是出于个人爱好和追求功德声名。"二马"刻书集收藏、鉴赏、刻印于一身,他们虽是盐商,但在藏书、刻书方面却纯属追求个人爱好和功德传世,没有了商人唯利是图的脾性,相反,其所藏之书往往无偿供人翻阅,甚至给借阅者免费提供衣食住所。同时,他们又不惜巨资刻印友人的著作,一生乐此不疲,如姚世钰去世后,"二马"周恤其家,并收拾其遗文,出资开雕付印。无论藏书还是刻书,除满足自身鉴赏需要外,"二马"无疑具有强烈的功德意识和求名意识。

事实上,"二马"很快便得到了友人的普遍称赞。同时代的学者阮元把"二马"与扬州其他巨商进行比较分析说:"马氏兄弟在扬业盐,资产并非首富,而能名闻九重,交满天下,则其稽古能文之效也。"意思是说,马氏兄弟于扬州经营盐业,虽然商业资产在扬州算不上首富,但是他俩声名天下皆知,朋友遍天下,主要原因在于他俩都能够写得一手好文章。其实,令"二马""名闻九重",不是"稽古能文"就能做到的,更多的因素还在于马氏丰富的藏书和精致的"马版"。功德意识也影响了他们的刻书选题标准,即符合主流社会需要的图书,他们不仅大力购求、保护,而且还尽其所能勘误、刊刻,以求造福子孙,奉献社会,实现功德传世的目的。

虽为贾者,咸近士风,"二马"极其崇尚学术、尊崇儒者,这种意识也决定了其刻书必然服务于学术研究。

首先,其藏和刻的书无偿提供给学者阅读。"二马"购书、藏书、校书、刻书,不断丰富着丛书楼的藏书。他们藏书号称富甲江北,但并非秘不示人,而是慷慨地向广大学者文士开放,支持他们利用自己的藏书从事学术研究。正因为如此,当时著名学者如惠栋、全祖望、厉鹗、陈章、陈撰、金农、姚世钰、高翔和汪士慎等都来投靠马氏。惠栋曾题诗谢马曰琯曰:"玲珑山馆辟疆俦,邱索搜罗苦未休。数卷论衡藏秘笈,多君慷慨借荆州。"全祖望曰:"南北往还,道出其间,苟有留宿,未尝不借其书……其得异书,则必出以示予。"著名诗人厉鹗也同样得到"二马"的优待,《清史列传》记载:"鹗搜奇嗜博,馆于扬州马曰琯小玲珑山馆者数年,肆意探讨……"

其次,他们不惜巨资刊刻经史子集,尤其是赞助当时文人文集的开雕梓印,这对当时学术研究的开展具有重要意义。据《清稗类钞·鉴赏类》记载,"二马""世人所愿见者,如《经义考》之类,不惜千金付梓"。

再次,"二马"花费大量财力、精力、人力用于考证书籍版本、辨别源流、订正讹误,对学术的匡正具有重要意义。以故全祖望称颂道:"马氏兄弟,服习高曾之旧德,沉酣深造,屏绝世俗剿贼之陋,而又旁搜远绍,萃荟儒林文苑之部居,参之百家九流,如观王会之图,以求其斗构之所向,进进不已,以文则为雄文,以学则为正学,是岂特闭阁不观之藏书者所可比,抑亦非玩物丧志之读书者所可伦也。韩江先正实式凭之,而励励与葛氏争雄长乎哉。"(全祖望《鲒埼亭集外编》卷三十二)

在徽州重教兴学之风的濡沐下,徽商形成了贾而好儒的特色。徽商好儒无疑对明清文化的发展和繁荣起到了推波助澜的作用。梁启超把以徽商为主体的两淮盐商对清初文化繁荣的贡献,媲美意大利豪商对文艺复兴的作用:"淮南盐商,既穷极奢欲,亦趋时尚,思自附于风雅,竞蓄书画图器,邀名士鉴定,洁亭舍、丰馆谷以待,其时刻书之风甚盛,……固不能谓其于兹学之发达无助力。与南欧巨室豪贾之于文艺复兴,若合符契也。"(梁启超《清代学术概论》)梁启超特别提到了盐商刻书对于文化繁荣的作用。"二马"显然是扬州盐商刻书的代表,其出版图书并非纯粹附庸风雅,而是"好儒"的文化追求。正是"好儒"的文化观念决定了他们的出版理念。在选题上,他们尊奉儒家经典为正统,故喜欢刊刻以儒家学说为主要内容的图书。"二马"不仅以前代儒经为选题,而且还以清儒佳作为选题。如著名学者戴震、王士禛等的作品,都是其乐于刊刻的目标。如刊刻王士禛的《感旧集》,"二马"就曾与卢见曾反复商讨,既反映了其选题之慎重,也表现了其刻印的浓厚兴趣。

除上述注重高品位的选题外,"二马"图书出版的精品意识更突出表现在书籍的整理、校勘和版本的考订上。

首先,"二马"仔细辨别藏书,考订版本,整理归类,编辑《丛书楼书目》。精审的精品意识更集中体现在校勘上。校勘时,马曰琯将不同版本的书籍同时放置在书桌上,互相参比印证,常常"不至夜分不息,而双镫炯炯,时闻雒诵,楼下过者多窃笑之。以故其书精核更无讹本,而架阁之沉沉者,遂尽收之腹中矣"。(全祖望《鲒埼亭集外编》卷十七《丛书楼记》)

其次,他们延请著名学者、校勘名家等共同鉴赏、考订和校勘。全祖望、戴震、惠栋、厉鹗等人是"小玲珑山馆"的常客,他们探讨时,往往"席上满斟碧山朱氏银槎,侑以佳果",一旦得到满意结论,"即浮白相向"(全祖望《鲒琦亭集外编》卷十七《丛书楼记》),情趣盎然。厉鹗每过扬州,"幸马君嶰谷、半槎兄弟,相与商榷……念与二君用力之勤,不忍弃去"。(厉鹗《宋诗纪事》《序言》)

再次,他们讲究图书形体的精美。马氏兄弟所刻之书,字体娟秀,首尾如一,版框整饬,墨色均匀,雕刻精美,装订考究。"二马"专门"聘善手数人写书脑,终岁不得缀"(金天翮《皖志列传稿》卷三《本传》)。《清稗类钞·鉴赏类》引前人评论说:"小玲珑馆马氏重刻五经文字、九经字样,气动墨中,精光四射,视西安原本,几几青出于蓝。"当代学者谢国桢对雍正己酉年(1729)"二马"刻印的《韩柳年谱》推崇备至,称赞它"是一部雕刻精美的书籍"(谢国桢《明清史谈丛》)。如此精益求精的精品意识,使"马版"的美誉实至名归。

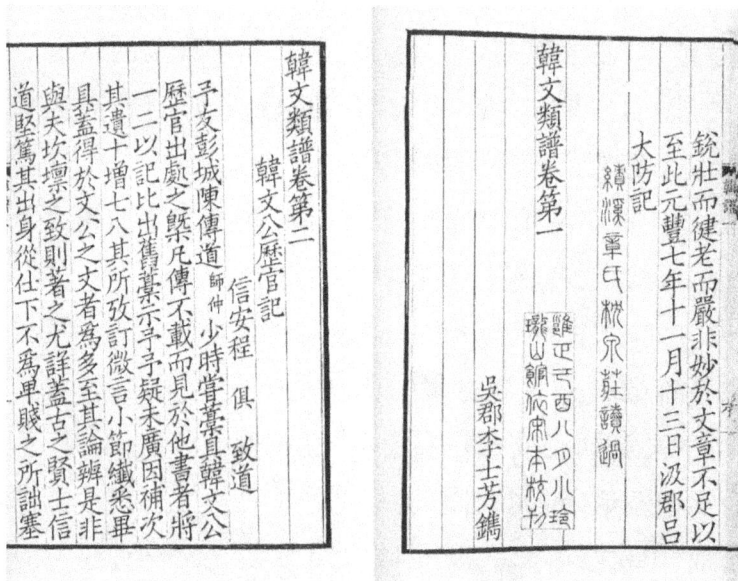

"二马"刊印的《韩文类谱》书影(原版半框20×13厘米)

善编奇书的书商张潮

　　张潮,字山来,号心斋,又号三在道人,安徽歙县人,生于顺治七年(1650),卒于康熙四十六年(1707),清代文学家、小说家、刻书家,官至翰林院孔目。张潮生于官宦世家,其父为张习孔,字念难,号黄岳,顺治六年进士,官至刑部侍郎。张潮从小生活在"田宅风水,奴婢器什,书籍文物"(张习孔《家训》)俱全的优裕环境下,但他并没有染上官宦人家常有的恶习。在其父严格的家规下,张潮自幼严于律己,"潮幼颖异绝伦,好读书,博通经史百家言"(陈鼎《心斋居士传》)。这种优裕的家庭环境再加上张潮自己严于律己的态度,为其以后著书刻书奠定了坚实的基础。

　　张潮早年致力于科考,分别于康熙二年、五年参加科举考试,均未中;康熙八年、十一年再试,又未中。从十五岁到二十六岁,张潮迷于科举,屡考未中,深受打击,遂淡于进取,重拾先祖商贾之业,侨居扬州经营盐业,获利颇多,富甲一方。

　　张潮侨居扬州后,广交友,济贫乏,"开门延客,四方士至者,必留饮酒赋诗,经年累月无倦色。贫乏者多资之以往,或囊匮则宛转以济;盖居士未尝富有也,以好客,故竭蹶为之耳,佳客与之论文晰道理,计经济之学,辨上下古今数千年以来事"(陈鼎《心斋居士传》)。康熙三十年,张潮授新例"捐纳京衔",以岁贡生授翰林院孔目,实并未出仕。

张潮开设"诒清堂"等刻坊,以己之财刻印书籍,并广泛资助文士刻印其书。张潮性情旷达,交友甚广,与众多文士在一起唱和酬答,诗酒往来,促进了其自身文学修养的提升,同时从交往中获取了大量优秀的文学作品,这是其著书刻书的主要稿源渠道。

张潮广搜天下奇书,编书刻书,甘心为他人作嫁衣,从他人作品中选精拔萃,汇编成册,矢志不渝。如其编印《虞初新志》后,喟然而叹曰:"嗟乎! 古人有言,非穷愁不能著书以自见于后世。夫人以穷愁而著书,则其书之所蕴……"(张潮《虞初新志·自序》)

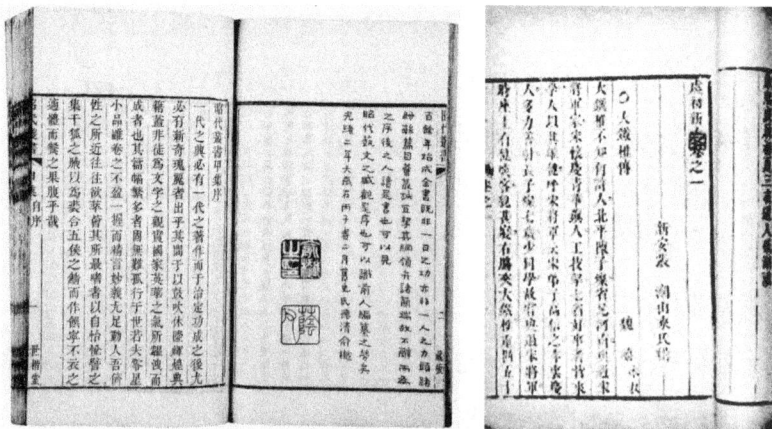

张潮刻《虞初新志》书影

张潮以读书、著书、刻书自乐,对于各种题材新颖的古文小品、杂著、戏剧、小说,甚至是传入中土的西学,他都有浓厚的兴趣。其一生著书刻书颇丰,有《心斋杂俎》《花影词》《七疗》《幽梦影》等著作二十多种。此外,他还辑录编纂了诸多丛书,其中以《虞初新志》《檀几丛书》《昭代丛书》影响最大。

从选题内容上看,张潮喜欢编著一些"奇""异"的作品,其"嗜探奇,尤沈考异"(张潮《虞初新志·凡例》),多调笑滑稽、离奇诡异之作。他认为"离奇诡异"之文,方能"引人着胜"。他曾说:"况天壤间浩气卷舒,鼓荡激薄,变态万状。一切荒诞奇僻,可喜可愕、可歌可泣之事,故之所有,不必今之所无;古之所无,忽为今之所有,固不仅飞仙盗侠,牛鬼蛇神,如《夷坚》《艳异》所载者为奇矣。"正如他在《虞初新志》中明确提出"表彰轶事,传布奇文",以"奇"为特点。时人顾彩对其《诗幻》一书的采编甚为叹服,说:"既而示余别集一编,号曰《诗幻》,离奇绚烂,初不觉其中之所藏,徐而察之有花名、药名、古人名、郡邑名、传奇名,浑成凑泊,如天缝无衣,陶镕入化,乃盖叹张子之才大而心细,为不可及也。"(顾彩《心斋诗幻·序》)王瑞人亦云:"《诗幻》之题新句创,字字皆奇,各体俱备,勿谓新城王公,即上而历代诗人,未有如先生之博雅新奇,曲尽其妙也。"(王瑞人《心斋诗幻·序》)

张潮追求尚异的思想还表现在对古文文献的研究上,《古世说》《古文尤雅》《古文辞法传集》诸古文献,张潮均有研究,并整理出版。张潮除了对"奇""异"的内容感兴趣外,还对西学表现出了浓厚的好感。张潮是接受西学较早的学者之一,并注意用西学来治国学。如他在《虞初新志》卷六《黄履庄小传·跋》中所云:"泰西人巧思,百倍中华。岂天地灵秀之气,独钟厚彼方耶?予友梅子定九、吴子师邵,皆能通乎其术,今又有黄子履庄,可见华人之巧,未尝或让于彼,只因不欲以技艺成名,且复竭其心思于宝贵利达,不能旁及诸技,是以巧思逊泰西一筹耳。"张潮这种中西贯通的思想,使得他编著的图书内容广泛新颖,深受欢迎。

从篇幅上看,张潮喜欢编著一些大型丛书类作品。丛书通常是为了某一特定用途,或针对特定读者群,或围绕一定的主题,在一个总书名下汇集多种单独著作,成为一整套集群式图书。丛书的价值在于汇集各种书在一起,便于保存和检索,又因其收集佚书,提供善本和精本,有利于古籍的流传和普及,且具有灵活性,可以任读者选择,取其所需。例如,《昭代丛书》《檀几丛书》等大型丛书,在学术界享有盛誉。《檀几丛书》五十卷,汇集了清初兼明末诸家短篇小说,内容广泛,庄谐并陈。《昭代丛书》三集一百五十卷,汇编了清代最重要的学者、文学家的著作,体现了清代学者研究西学东渐和文化生活的各个侧面。另一方面,这种丛书的编著方式也便于图书的销售,使人获利颇多。

张潮注重考据,有丰富的考据学理论知识,提出了"考订详明,援引精当"(张潮《谢皋羽年谱·跋》)的编印要求。如在《昭代丛书》等丛书中他撰写了引言附于各书前后,说明各卷书的源流,并对编者进行了评价、考订,体现出他对作品严格要求、精益求精的态度。他曾曰"一言一字尽属珠玑,片羽吉光皆成拱璧,其中多有古来经史之考订,方今制度之昭垂,岂得尽谓之识小乎哉"(张渐《昭代丛书丙集·序》),且要求"足补宪章"(沈懋直《昭代丛书合刻略例》)。同时,他提出了"书加圈点"的方法,这主要出于对"字字从笔端经过,庶免扫叶之憾"(张潮《昭代丛书乙集·凡例》)的考虑,这些都体现出张潮对作品精益求精的态度。

为了获得更多的读者,占领更大的市场,除了要对刻印的书籍精审校勘外,还要重视图书的样式、装饰等方面。张潮注意到了这些,曾曰:"书画之有装潢,犹美人之有装饰也。美人虽姿态天然,苟终日粗服乱头,即风韵不减亦甚无谓,若使略施粉黛,轻点胭脂,裁雾縠以为裳,剪水绡而作袖,有不增妍益媚者乎?"(张潮《装潢志·小引》)张潮这种既注重内容精湛,又注重装饰美观的做法,增加了读者阅读的兴趣,特别是大量刊刻插图,图文结合,能很好地吸引读者购买。

在注重时贤方面,张潮可谓得风气之先,取得了不错的成绩。

《昭代丛书》就是其注重时贤的集中体现,以"昭代"为书名,编选"本朝诸先生著作"。而《檀几丛书》专收当代小品、杂著,书中收录了当代重要学者、艺人、医生的作品,再现了当时社会的方方面面。

由于张潮编辑出版的丛书注重实用,内容新颖奇特,很受当时读者的欢迎,所以这些丛书也自然成为了盗版的对象。为此张潮大胆提出了打击盗版的主张。如他在《昭代丛书丙集·例言》中云:"翻刻之禁,昔人所严,迩来当事诸公类多宽厚长者,而选刻之家其力又不能赴闽终讼,是以此辈益无忌惮,惟有付之浩叹而已。仆所梓《四书尊注会意解》大受翻版之累,伏愿今八闽当道诸先生,凡遇此等,流力为迫,劈伪版究拟如法。其所造诚非浅尠,仆当以瓣香供养之。"

张潮的版权意识还表现在,他在所出版的图书中注明编辑者和出版者。如《檀几丛书》是其与清初的著名刻书家王晫编辑,并由王氏霞举堂刻刊的,每卷卷端注明"武林王晫丹麓辑,天都张潮山来校"。《昭代丛书》《虞初新志》每卷卷端都有类似字样。

随着明清时期经济的发展,市民的生活水平不断提高,世俗阶层崛起,消遣娱乐类作品的需求显著增加,而前代作家的作品难以满足广大读者的需求,促使选家从当代人的作品中选取一些作品刻版出来,以满足广大读者的需求。张潮还注重读者阅读的便利性。如为便利读者,《昭代丛书》在每页中缝注明丛书名,还标明单篇著作名称。《昭代丛书·凡例》曰:"从来编辑丛书类多以各种书名列于中缝,如《汉魏丛书》《百川学海》《秘籍》之类……不独观者无难,一目了然……亦易于从事也。"这样的丛书方便读者查阅,也吸引读者去购买。

与此同时,张潮出于大量刊刻图书的需要,还运用"刊登广告"的方式来征稿,内容包括古文、小说、游记等。《虞初新志·凡例》记载:"海内名家尚多未传之作,坊间定本俱为数见之书,幽人素嗜探奇,尤沈考异。此选之外,尚有嗣选古世说、古文尤雅、古文辞法传集……幸赐教言。"除了刊登广告征稿外,张潮还购买稿件。张潮曾和周梓人、刘梓人共同出资购买了张潮友人张紫裳父张九达的著作《四书会意解》。这些都体现出徽商进入出版业显现出来的固有的精明干练。与此同时,张潮还采用联合他人,相互合作的方式。徽商经营讲究乡谊,相互帮助,相互提携,在编著大型丛书或大部书时,为了缩短出版周期,他们相互间常常联合作战。

徽州书商的版权保护

　　相较而言,明清时期徽州书坊以刊刻精良著称于世,故而其优良刻本往往成为盗版的对象。如吴继仕的书版往往被人挖去"新都吴继仕考校""熙春堂藏版"等字样,或被替补上其他坊刻堂号;吴勉学师古斋、吴琯西爽堂等所刻之书版也往往被人挖去堂号、刊号,被人冒充宋版书出售;黄尚文编印的《古今女范》,插图原为程伯阳所绘,黄应泰、黄应瑞昆仲所刊,后为建阳坊贾盗版,程伯阳及黄氏昆仲的署名皆被挖去,而补入刘金煌、刘玉成、刘振之、刘汝性诸名,类似案例不胜枚举。在盗版之风的影响下,徽州书坊经济损失很严重,徽州书坊反盗版的愿望也就非常强烈。

　　万历二十年(1592),程大位编印《算法统宗》,因刻印精良、内容实用受到普遍欢迎,问世之后,"一时纸价腾贵,坊间市利,竞相翻刻"。鉴于"书坊射利,将版翻刻。图象字、义、均、讹,致误后学",程大位在发现有盗版后,重新编辑,并发表反盗版声明:"买者须从本铺原版,方不差谬……买者亦须认本铺原版,勿使鱼目混珍。"

　　万历二十六年(1598)歙县程子美"九我堂"刊印《出像牡丹亭还魂记》,这是《牡丹亭》的第一次刊行本,颇为可贵。其版本扉页有"出像牡丹亭还魂记槐塘九我堂发行"牌记,作者汤显祖书写了牌记并作了题辞,题辞之后还有刻印者程子美的刊记。这在防盗版方面起到了一定的作用。

著名戏曲出版家汪廷讷"环翠堂"所刻印之书往往在图书扉页、正文卷首落款处或白口等多处刊印堂号,以此宣布"版权所有",这无疑说明他具有很强的版权意识。万历年间吴继仕"七经堂"编印《七经图》七卷,为防盗印,在卷前叶上印有古玉花纹,并附上"棉纸双印,恐有赝本,用古双雕玉为记"印记。

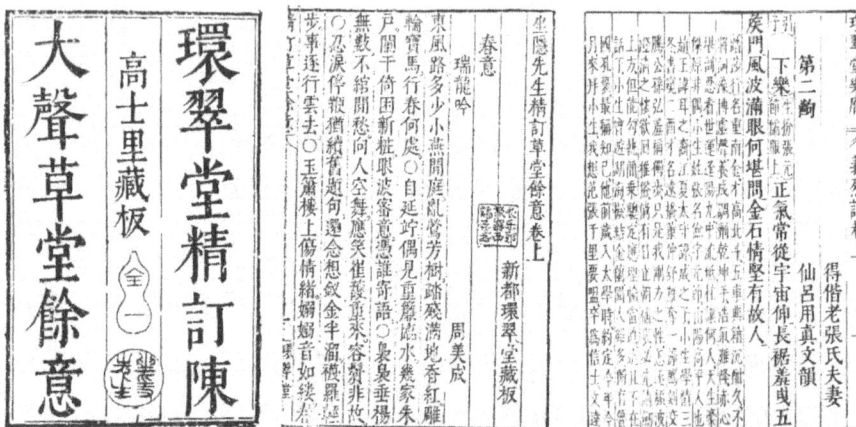

汪廷讷"环翠堂"刊本扉页堂号、正文卷首落款堂号、白口堂号

有些徽州书商通过发表反盗版声明来抵制盗版。著名出版家吴继仕在其刻印的《六经图》扉页上发表声明:"夙遇是书,如获和璧,不忍私藏,今公海内。第图像俱精,字纸兼美,一照宋板,校刻无讹。视夫妄意增改者,奚啻悬殊,博雅君子当自鉴之。如有翻刻,虽远必究!""虽远必究",足见刻主打击盗版的决心。

当"版权所有"、反盗版声明等手段失效后,徽州书商不得不求助于官府庇护。徽州书商寻求官府庇护在历史上早已有之,嘉熙二年(1238)歙县书商祝穆即请求有司进行书版保护。祝穆将有司保护榜文附于所刻《新编四六必用方舆胜览》书后。榜文明令:"本宅见刊《方舆胜览》及《四六宝苑》《事文类聚》凡数书……窃恐书市嗜利之徒,辄将上件书版翻开,或改换名目,或以节略《舆地纪胜》等书为名,翻开攙夺……使台申明,乞行约束,庶绝翻版之患……如有此色,容本宅陈告,乞追人毁版,断治施行。"该榜文是我国最早的版权保护文件。可见,徽州书商已开始重视版权的经济权利。徽商同官府关系密切,他们更多地依赖官府的保护。虽然当时版权保护尚未制度化,仅是个别刻书者的申请,但是这种自我版权保护、自我利益维护的意识已得到较大的发展。

秉持匠心的徽州刻工

徽州刻工兴起较早,宋时即有徽州人从事刻书业,虽经宋、元、明初的发展,徽州刻工却一直未能形成规模。至明弘治、成化年间,徽州刻工开始崛起,在徽商经济的带动下,发展迅速,并呈家族世袭化、合作跨族化、活动外向化的发展态势,延续至清中叶。

在明清时期徽州刻工的发展过程中,尤以明万历至崇祯年间为高峰。徽州刻工技艺尤以版画刻印技术最受世人瞩目。郑振铎在《中国版画史》的序中说:"我国版画之兴起,远在世界诸国之先。……独我国则于晚唐已见流行。迄万历、崇祯之际而光芒万丈。歙人黄、刘诸氏所刊,流丽工致,极见意匠。十竹斋所刊画谱、笺谱则纤妙精雅,旷古无伦,实臻彩色版画最精至美之境。"

徽州刻工在创作时,更多地加入了自己的思想感情和理想愿望,画出了他们自己眼中的现实社会生活。明清时期兴盛的徽州版画,向来以线条劲秀有致,刀法精妙入微,画面、版面生动活泼,形象俊逸缜密而著称。任何艺术的创作均来源于创造者感官对现实的认识,徽州刻工这种刻风自然与秀美甲天下的徽州自然环境是分不开的。

画插图,对刻工的艺术水平要求很高。刻工首先必须要了解书籍的思想精髓,分析人物的个性(这种要求比一般的读者阅读要高出许多),然后再在尊重原书基本精神的基础上进行创作加工,既要表现出图书作者的思想感情,又要将自己对感情的理解转化为读者熟悉和欢迎的形式,还要突出展现自己的艺术风格。如徽州刻工仇英绘刻《列女传》插图,其本身便是插图的创作者。

特别是万历以后,徽州图书版画尤其是戏曲小说的插图开始使用整页插图或连页插图的形式,图版的幅面比例增大,插图传达信息的功能增强,往往在细微处见精神或表达信息,这就要求绘刻者要有很好的理解和把握能力,在不需要很多文字的基础上,能够将图书信息准确表达出来。在徽州深厚文化底蕴的熏陶下,徽州刻工一般都能很好地把握并准确地表达图书信息,同时也展现出自身的风格。一些徽州书坊主为了提高市场竞争力,积极探研刻印技术。在他们的要求下,一些徽州刻工不断研究新技术,从而推动了刻印技术的发展。例如,明末金陵"十竹斋"斋主胡正言与刻工十余人朝夕研讨刻印技艺,便是典型代表。另外,前文述及的书坊主如程大约、滃玄等积极复制西洋版画,这必然导致其聘用的徽州刻工黄磷、黄应泰、黄应道等人加强西洋版画技法的学习和研究,他们无疑是当时国内刻工中的先导。

宋版书受明代人普遍重视,各地书坊瞄准此市场,竞相仿刻宋版书。在商业经济的刺激下,坊刻主往往追求出版速度和图书生产数量。然而,宋版书字体多为楷体(颜体、欧体、柳体),曲直顿挫之间,颇费工夫,因而,明代坊刻在模仿宋版图书字体的同时,开始有意无意地简化笔画、变曲为直,这样既加快了刊刻速度,又达到了模仿之功效。这种字体实际上为新型字体,后人称为"宋体"或"仿宋体"。虽然这种字体的欣赏价值要远逊于宋版书字体,为明清不少文人所诟病,但其工整易读的特点还是受到一般读者的欢迎。

徽商几乎嗜古成癖,图书方面尤其爱好宋版书,一般在购买图书时毫不吝惜,而且其图书需求量一般很大。作为当时较有影响力的读者群,其欣赏口味无疑会对图书的形制产生重要影响。在徽商重宋版书的嗜好和徽州人俊秀审美风格的影响下,徽州刻工刻书字体的风格在国内率先转变,逐渐形成秀隽、婉丽、细腻的刻风。

徽州刻工技艺很多源于徽州传统"三雕"技艺,徽州刻工将其潜移默化到刻书中。同时,徽州素有重视教育的传统,在家弦户诵的风习下成长的徽州刻工,一般具有一定的文化水平,有的甚至兼具书法、绘画技艺于一身。这些因素在徽州刻工技艺的发展过程中起到了重要的作用。徽州刻工的刊刻技艺是与徽州深厚的文化传统分不开的。砖、木、石"三雕"是徽州传统的技艺,明清时期在徽商的推动下,"三雕"技艺发展至极致。徽州刻工充分运用传统的"三雕"和徽墨歙砚的雕刻技艺,精益求精地钻研刻印技术,并家传户习传承下来。

徽州刻工在长期的雕版实践中,不但创造了一整套刀法技艺,也创制革新了各种刻刀和工具。

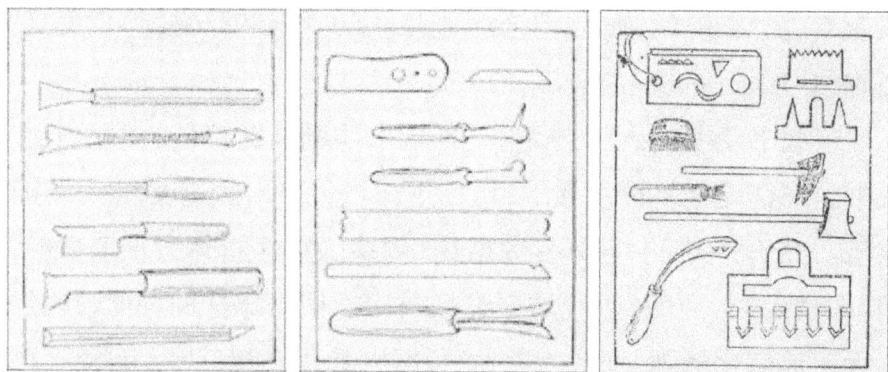

徽州刻工的工具

明代中后期插图版画辉煌时期的领军人物,皆是徽州刻工,"万历中叶以来,徽派版画家起而主宰艺坛,睥睨一切,而黄氏诸父子昆仲,尤为白眉。时人有刻,其刻工往往求之新安黄氏。徽郡文士之作,若高石山房目莲救母记,汪氏环翠堂弈谱、传奇、人镜阳秋,程氏墨苑,方氏墨谱,固无论矣。即金陵刊之养正图解、南北宫词纪,杭刊之海内奇观与夷白堂诸演义,吴刊之吴骚、吴歈,浙刊之徐文长改本昆仑奴,王伯良校注西厢记,凌蒙初朱墨本西厢五剧之类,无不出于歙县虬村黄氏父子昆仲手"(郑振铎《西谛书话》,三联书店1998年版)。徽州刻工以黄氏刻工技艺最为杰出。据学者考证,黄氏从明正统时期即开始刻书,延至清道光年间,历时400余年,而明代则是黄氏刻工最为活跃的时期,从明正统至崇祯末,黄氏刻工有280位,占据明清黄氏刻工总数(400位左右)的大半(曹之《明代新安黄氏刻书考略》,《出版科学》2002年第4期,第63页)。

徽州刻工往往与画家、书法家通力合作。尤其是黄氏刻工,他们对难度大、内容复杂的画稿都能够从理解、制作方面充分表达画家的思想境界,栩栩如生地再现画面,渲染环境,做到阐工尽巧,神达韵臻的地步。世有"徽刻之精在于黄,黄刻之精在于画"之说(《安徽省志·出版志》,方志出版社1998年版)。

明中叶以后徽州刻工大多呈家族化、外向化发展态势,黄氏、仇氏、汪氏、刘氏等刻工家族充分体现了家族世袭化发展的特色。除黄氏刻工外,徽州一地他姓中,也涌现出一批赫赫有名的木刻能手,如洪国良、刘君裕、刘大德、谢茂阳、汪成甫、刘杲卿、郑圣卿、郭卓然等,都是能与黄氏刻工并耀争辉的卓然大家。他们也和相当一部分黄氏刻工一样,走出徽州,走向外埠,其精湛刻印技艺为徽州刻工赢得了广泛的声誉。因而周芜评价说:"黄氏木刻家大批流寓杭州,把杭州的版画提高到一个崭新的阶段,使杭州版画与徽州版画得以分庭抗礼。"(周芜《徽派版画史论集》,安徽人民出版社1984年版)

明清时期徽州刻工跨族化合作,是指在刻印同一种图书时,不同家族的徽州刻工密切合作，共同完成刻印任务。明中叶以前，徽州刻工跨族化合作刻书的现象还比较少见，明中叶以后日渐增多，尤其是刻印一些大部头的图书或刻印质量要求高的图书。徽州刻工跨族化合作以两姓合作为多，三姓、四姓也有不少，四姓以上合刻者较少见。

徽州本土两姓刻工合作，如明清徽州本土黄氏、仇氏、项氏、刘氏、汪氏、吴氏、鲍氏、程氏、汤氏等刻工都曾合作刻过书，尤以黄氏、仇氏合作最为典型。黄、仇二族因同村合住，又操同行，面临大部头图书的刊刻时，便很容易走上合作的道路。

黄、仇二族合作刻印的重要图书有：成化十八年(1482)《程氏贻范集》三十卷，由黄文敬、黄文希、黄文达、黄文汉、黄文通与仇以兴、仇以茂、仇以忠、仇以森等合刻；弘治二年(1489)《雪峰胡先生文集》十四卷附录一卷，由黄文敬、黄文汉、黄文通与仇中合刻；弘治三年(1490)《贡文靖公云林诗集》六卷，由黄永升、黄贵全、黄道清、黄道齐与仇寿、仇以铭、仇以顺合刻；弘治五年(1492)《心经附言》四卷，由黄文汉、黄文通、黄永旻、黄永升与仇以茂、仇以忠、仇以淳、仇以才、仇以顺合刻；弘治五年(1492)《文公家礼仪节》，由黄文通、黄永翯、黄永升、黄金、黄齐、黄青、黄壬等与仇才、仇民等合刻；弘治十年(1497)《新安文献志》一百卷，由黄文敬、黄文汉、黄文通、黄文迪、黄永升、黄永晟、黄永旻与仇以茂、仇以寿、仇以忠、仇以顺、仇以才等合刻；正德年间《篁墩文集》，由黄文汉、黄文敬、黄文通、黄文迪、黄永升、黄永晟、黄永昊与仇以寿、仇以茂、仇以忠、仇以顺、仇以才等合刻。

其他姓氏合作刻书的有：万历年间刻工刘次泉、陈聘洲、陈凤洲合刻《陈眉公批评丹桂记》二卷(三姓合刻)；万历年间刻工吴凤台、黄应光合刻《李卓吾先生批评玉合记》二卷；万历年间刻工吴凤台、姜体乾、黄应光、谢茂阳合刻《李卓吾先生批评幽闺记》二卷（四姓合刻）；万历年间刘君裕、郭卓然合刻《李卓吾先生批评西厢记》五卷；天启年间汪文佐、刘升伯合刻《牡丹亭记》四卷；崇祯年间刘应祖、刘启先、黄子立、洪国良、黄汝耀合刻《新刻绣像金瓶梅》一百回（四姓合刻）；明末清初汤尚、汤义、刘荣合刻《太平山水图》一册（三姓合刻）；等等。

跨地区合作刻书，是指徽州刻工与其他地区刻工合作刻书。徽州刻工活跃于江南各主要刻书中心，在当地书商的组织下，往往与所在地的刻工合作刻书。如胡正言"十竹斋"在金陵刻印《十竹斋笺谱》时，组织徽州刻工与金陵当地刻工合作，胡正言还亲自与他们朝夕研讨刻印技艺。在杭州、苏州，徽州刻工与当地刻工合作的现象更多，如在杭州，黄氏刻工黄应光、黄一彬，吴氏刻工吴凤台，洪氏刻工洪国良等，与当地项氏刻工项南洲和蔡氏刻工蔡思瑛、蔡照初等合作，刊刻了《集雅斋画谱》《元人杂剧选》《九歌图》《任渭长四种》等。正是由于他们之间长期合作、交流切磋，不同地区间的刊刻技艺才不断地实现融合，并最终导致徽州版画"大一统"的局面出现。

大部分徽州刻工把刻书和插图版画作为一门真正的艺术加以对待，所以他们刻写文字、插图无不精工细作，连一些细枝末节都不放过。因此，徽派刻工技艺为世人称羡，他们也以高超技艺为傲。明清时期刻工一般都不署名，但以徽州刻工为代表的技艺高超的刻工往往署名于作品之上，这也充分表明他们在当时刻书市场上具有招牌式的影响力。我们从嘉靖年间歙县潘氏刻《六臣注文选》（六十卷）聘用黄氏刻工可窥一斑。歙县潘氏为商人家族，家资富厚，为刻《六臣注文选》不惜工本，专门雇佣虬村黄珵、黄硐、黄碹等黄氏刻工三十人雕版，每页书口下方镌有刻工姓名，明确责任所归，使每位刻工都不敢敷衍了事。当时黄氏刻工三十人同刻这一部书，可想此工程何其壮观。从刻工名字可以看出，这部书每一卷都由数人雕刻，各人刻的页数不等。纵观全书，却如同出自一人操刀，实在分不出技艺谁高谁低，可见黄氏家族刻书技艺之高超。

徽州刻工跨族合作刻书落款

促进出版传播的徽商

　　徽商称雄商界尤其是江南商界,也引起了明清时期文学界、出版界的广泛关注,除了文人文集中有大量有关徽商的传记、墓志铭、诗文之外,在明清小说中有很多关于徽商的形象塑造或以徽商为原型的人物刻画,如蔡羽《辽阳海神传》、冯梦龙"三言"系列、凌濛初"拍案惊奇"系列、天然痴叟《石点头》、吴敬梓《儒林外史》、褚稼轩《坚瓠集》、吴华卿《两缘合记》等。

　　章尚正对此作了专门研究:"徽商的崛起投影于明清文坛,引起了宋懋澄、冯梦龙、凌濛初等众多作家的关注,导致突破帝王将相、才子佳人的传统模式,创作出一批以徽商为角色的小说。据不完全统计,这批小说多达四五十篇,不但数量上领先于晋商、吴商小说,而且质量上别具一格,多以风土特色浓郁的徽商文化为背景,真实而又颇有力度地展示了徽商的经济活动、情欲世界与价值观念。""向全社会显示了徽商存在的价值,宣传了徽商的商贸之道、生活追求与价值观念。徽商及徽商小说向世人昭示了商品经济必将蓬勃发展的必然趋势。"(章尚正《徽商的生活情态与价值观念——从明清小说看徽商存在》,《安徽大学学报(哲学社会科学版)》1997年第3期,第24、30页)而这些小说大都诞生于江南地区,表明徽商与江南作家、出版界有着潜在的关联,这种关联表明了商业在文化传播领域中的影响,而这种文化传播对社会各阶层产生了或多或少的影响。

徽商在徽州与江南出版市场的互动过程中积极投身于刻书活动中,在他们商贸活动的引导下,徽州刻书获得迅速发展并向江南地区扩展。同时,徽商在江南商业市场中的重要地位及其文化消费品位,在一定程度上引导了江南地区文化消费风气,这种文化消费风气促进了包括徽州刻书在内的各种出版风格的融合。

首先,带动了徽州刻坊、刻工的外向发展。明中叶以后,徽商在江南地区的兴盛,带动了徽州刻书在该地区的发展。徽州人素有强烈的乡土意识,徽州商贾发财致富以后,往往在桑梓乡土修建祠堂、拓展道路,使得先前的僻野乡村迅速城市化……桑梓乡土的城市化,刺激了当地手工业的发达。新安四宝(澄心堂纸、汪伯玄笔、李廷珪墨和旧坑石之砚)……都成为精制的拳头产品,与苏州的手工业品相比,丝毫不见逊色。徽派版画刻工、皖派和歙派金石艺术,也为世人所瞩目。(王振忠《两淮盐业与明清扬州城市文化》,《盐业史研究》1995年第3期,第19—26页)

随着徽州笔墨纸砚在国内畅销,徽州刻工技艺享誉海内,以及同宗同族商人的带动,徽州刻坊很快走向了金陵、扬州、杭州、苏州、湖州等江南刻书中心地。越来越多的徽州刻工走向江南地区,将徽派雕绘技艺传播各地,并赢得了广泛声誉。明中叶以后,活跃在南京、苏州、杭州、扬州等地的刻工大多数都是徽州人。郑恭《杂记》云:"歙邑刻工盛于明季,而虬村黄氏尤多良工……明时杭州最盛行雕版画,殆无不出歙人手,绘制皆精绝。"明人钱泳《履园丛话》载:"雕工随处有之,宁国、徽州、苏州最盛,亦最巧。"在金陵、扬州、苏州、湖州等地,徽州刻工技艺皆享誉一方。

其次,促进了徽州与江南地区刻书家、刻工的交流与合作。明清时期徽商贾而好儒,在当时文化艺术界非常活跃。他们凭借雄厚的资金,能够组织各地的学者、艺术家参与刻书活动。徽州家刻、坊刻正是在一些知名学者、艺术家的参与下,从刻书内容到版式装帧方面,其质量都达到了很高的水平。如出身盐商世家的吴骞酷爱藏书、刻书,与江南一带学者关系密切,常常合作校勘刻书。黄丕烈云:"海宁吴槎客先生藏书甚富,考核尤精。每过吾郡必承枉访,并出一二古书相质。"据记载,吴骞曾与黄丕烈、陈仲鱼等人合作校勘翻刻宋版《前汉书》,"且余所深服乎槎客者,如此种残编断简,几何不为敝屣之弃,而装潢什袭直视为千金之比,可谓爱书如性命。……始幸天壤之大,不乏好古之士"。(黄丕烈《士礼居藏书题跋记》卷二)

明清时期徽商中类似吴骞的富商不可谓不多,他们不但自己与知名学者、艺术家合作,而且还带动徽籍刻家、刻工与外地名家合作。如胡正言刊刻《十竹斋书画谱》《十竹斋笺谱》时,就与金陵等地的三十多名著名画家合作,有些画家还亲自参与了刻印活动。胡正言还组织徽州刻工与金陵刻工合作、研讨。正是基于精明的市场意识和开放的市场观念,一些徽州坊刻除与本族合作外,还积极与江南地区坊刻合作刻书。在徽商尤其是徽州坊刻的组织和带动下,徽州刻工也纷纷与江南地区刻工合作,从而促进了徽州刻风与江南地区刻风的交流与融合。

明清时期徽州刻工的技艺是当时国内最高超的,尤以版画为著。他们世代以此为业,家族传承,创造了中国版画最光辉的时代。他们吸收并融合了江南地区的刻书风格,促进了本身风格的不断进步,同时,他们将徽州刻书风格带到了江南地区,促进了江南地区刻书风格的转变。正如周心慧所说:"徽派艺术风格的形成,实际上是在接受了建安、金陵两派未成为主流的工细严整格调，并对之取精用宏，发扬光大，进而升华为纤丽秀劲的特征，又反过来影响各派，加速了各流派、各地区版画风格的徽派化。……明万历中期以后，由于有歙工的直接参与，金陵版画由粗豪转为精丽的变异速度极快，就很清楚地说明了这一转化过程。"（周心慧《中国古代版刻版画史论集》，学苑出版社1998年版）

再次，带动了徽版刻书走向江南市场。由于宗族血缘关系的存在，在外经商闯出天地的徽商会将所见所闻的外地相关信息带回家乡，当然刻书信息也不例外。同时，明代家族同宗经营书业的现象比以前较为突出，一人在外致富，会带动一批同族人共同出外经营，如此，经营的规模越来越大。歙县黄氏刻工同族几代人乃至几十代人迁徙江南地区从事刻书活动，便是极好的证明。

据黄氏第三十三世孙黄开梧、黄开簇、黄开植等同刻《虬川黄氏宗谱》（清道光十二年刊本）考证：从明正统元年（1436）到清道光十二年（1832），近四百年，黄氏家族刻工三四百人（不包括女工），其中雕镌过版画的亦不下四五十人，现已发现刻书二百七十余部。又如歙县虬川仇氏家族，明弘治至嘉靖年间仇姓刻书者就有二十人以上，另有汪氏家族刻工、刘氏家族刻工、洪氏家族刻工、项氏家族刻工、吴氏家族刻工、鲍氏家族刻工等。家族合作刻书在家谱刻印中也是常见的，而徽商则是这些家族外出刻书的引导者。

徽州布商品牌塑造记

明代,婺源是个有山有水的秀色古镇。婺源是古徽州府六县之一、徽州文化的发祥地之一,东西分别与衢州、景德镇毗邻,与三清山相望,北枕黄山和古徽州首府歙县。婺源素有"书乡""茶乡"之称,民风淳朴,居民生活得清平安康。

在婺源的东边,住着姓汪的一家,汪生自幼和母亲相依为命,父亲去世后留了一小笔财产。汪生自幼喜爱读书,聪明懂事。在汪生成年后,母亲希望儿子能够出外学点东西,遂将丈夫留下来的一点财产交给了儿子,希望他能够出外打拼一番。汪生听完母亲的话语重心长地说:"好男儿志在四方,儿子一定不负母亲的期望,会时常回来看望您的。"母子俩谈天话别了一晚,第二天,汪生便收拾好行装,拜别了母亲。

汪生经过仔细考察,最终选择在苏州阊门外开了一家名叫"益美"的布店。他与同街的布店老板一样,每天坚持早开门,迟打烊。有客上门时,他就量布算账,客人走时顺便说声"走好,欢迎下次再来";没有客人上门时,他就在店里料理布匹,打扫卫生,要么就琢磨着搭配新花样,招徕顾客,就这样循规蹈矩,赚钱并不多。

汪生自幼喜欢看书,自打从婺源来到苏州,他仍经常去卖书的店铺借书来看。一日，他无意中看到一本《民间失传绝技》的小书，觉得挺有意思，便借来家中阅读。他从中看到了一则关于经商的故事，顿时有感而发，手拍大脑，自我责备道："我真笨呀，先人为我们传授的妙招，我没想到用呀！"

于是第二天打烊后，他就来到附近的裁缝店里转来逛去。裁缝店的师傅认出了他是溢美布店的汪生，不知他为何在这里转悠，就好心地询问了起来。于是汪生便拉着裁缝师傅悄悄地说出了自己的想法："大师傅，我有这么一个想法不妨告诉你。我想这一定是一个互惠互利的计策。来你店里定做衣服的客人中，凡是在我店里购买衣料的人，每件衣服我另外付给你工钱二分银子，你看好吗？"裁缝听后觉得此方法不错，这样一来自己可以多赚些银两，于是说："好呀！那我就劝那些在我店里定做衣服的客人到你店里去买布料好了。可是这二分银子怎么算呢？"汪老板轻轻地说："有办法，我只要问问前来买我布料的人，是到哪家定做衣服就是了。你帮我说说好话，我帮你说说好话，我们相互帮衬着，你记你的账，我记我的账，到时候做个比较，一季一结。我一定说到做到。"裁缝听后觉得此方法甚好，互惠互利的生意为何不做，于是一场秘密合约就这么签订了。

一个月内，汪老板几乎跑遍了所有他信得过的裁缝店。每一位裁缝听了他的建议后，都拍手叫好，无不例外地与他签下了合约。

裁缝们为了获利，也为了获得汪老板的"你帮我说说好话，我帮你说说好话"的互惠互利生意经，就跟前来定做衣服的客人说："买布的话还是去益美布店买的好。益美布店的布不仅料子好，而且全是上等货。店家凭良心做生意，不少尺，不少寸，有时还放宽一点点，尾数也不收。"因此许多前来定做衣服的人，就争相到益美布店购买布料，买完布料后，再回来裁缝店里让裁缝做。而汪老板也以同样的溢美之词，称赞某某家裁缝手艺好，从不糟蹋人家一寸布料，如此等等。久而久之,这样互相吹捧,互相赞美,益美布店的生意果然越来越好,每天客人络绎不绝,汪生不得不雇伙计卖布。就这样,汪生真的当上甩手掌柜了,一年下来,经销布料二百多万匹,获利四万多两银子。这期间,汪生多次回乡看望母亲,而且还经媒人介绍,在苏州娶妻生子,过上了安逸的生活。十年后,汪生的生意比其他布店的生意大了许多,而且他所经营的布料更是遍布大江南北,名声大噪。

汪生一直热衷于读书,科举考试也一直是他的梦想。汪生不想荒废了自幼苦读的那些诗书,于是和妻子商量后打算弃贾从官。他的那些"关系户们"听闻此消息都恋恋不舍,一一登门拜访劝他不要离开。汪生对这些"关系户们"怀抱着感激之心,于是挑了个日子举办了一场酒宴,拜谢这些"关系户们",顺便也道个别。当日晚,觥筹交错之际,汪生起身敬了全场人三杯酒,鞠了个躬,对他们说:"这些年,大家做生意都辛苦了。我一家小小的益美布店,因为有你们的帮忙,越开越大,现在已经做得小有成就,在下实属感激。"在场的裁缝们听后无不感慨,大家纷纷说道:"我们也同样感激汪老板啊,如果没有汪老板的聪明才智,给大家出了妙招,我们的生意也不会有现在这么好啊!"汪生听后会心一笑,接着说道:"在座的一定都奇怪我为什么要在生意做得最好的时候离开。或许我向来就不是个安于现状的人吧。养家糊口的任务我已经完成了,现在我想做一些自己真正想做的事,就是考取功名。大家放心,我一定会找到合适的人来接手我的生意,我的继任者会按照我的妙招办的,绝对不会让生意不好,更不会连累到大家。"汪老板还对在座的人说:"经商虽然能赚得大钱,但是赚不来社会地位呀,更不见得能赚得好名声,我要为我个人着想,为我的晚年着想。"

汪生为了找到合适的接班人,便打算举办一场招贤纳良的招聘考试,要求来参加考试的人必须饱读诗书并且有一定的经商经验和头脑。此消息一出,顿时有很多人前来报名。一时之间,汪生的店铺和家里门庭若市。汪生向来好客,吩咐下人给每一位前来报名的人都送来茶水招待,并说将在三天后举行招聘考试。众人听后都纷纷讨论起来,不知汪生将用什么样的方式来检测大家。

很快,考试的日子就到了,有近百人前来应聘,汪生的店铺只好暂停营业一天,来接待这么多应聘之人。汪生向来看好一个人的临场应变能力,更看好人与人之间的缘分和默契,所以并没有像大多数人预测的那样出份考卷来让大家做,而是选择了面对面问答谈论的方式。汪生让下人招待好这些应聘之人,然后让他们一个一个进屋内与自己面谈。

汪生经商多年,积攒了很多宝贵的经验,期间也发生过很多突发情况,他都游刃有余地解决了。面对这些应聘之人,汪生通过一些问题考查了应聘之人的临场应变能力,并通过交谈,大致看出一个人的性格与品性是怎样的。一天下来,汪生已有中意人选。

第二天,汪生便在自家门口公布了中聘人选,原来是之前做漆料生意的程老板。于是,汪生在走之前,便把他的布店转让给了自己信得过的程老板。程老板果然按照他的经营之道经销布匹,生意做得一如既往的好。汪生也得偿所愿,终于考中了功名,而且为官刚正不阿,为百姓做了很多实事。

几年后,程老板年老病故,当了户部员外郎的汪生知道此消息后,便回来给程老板奔丧,顺便又接过益美布店。不过,这时他也是雇人来经营,他自己仍然要回京做官。但汪生依然不忘为百姓谋福祉。有一年,苏州地区闹洪涝,汪生得知后立马调出资金给灾民运送物资,并且修筑水利工程和桥梁。汪生将店铺赚的钱不是用于赈济灾民,就是为家乡修桥铺路,有时还资助士子读书,因而名声越来越大,他的官一直做到知府。百姓纷纷称赞他是活菩萨,对他都不胜感激。

汪生晚年告老还乡,过着简单朴素的生活。汪氏后人崇敬他,称赞他是百姓的好官家、商界的好商家。他的子子孙孙也都恪守他的为人之道,有的经商,有的做官,互补互成,二百多年间,盛世不衰。他经手的布匹一直远销到云南、贵州、新疆、蒙古一带。大家都说,益美布店里的布质量好,不缺尺少寸,有时还放宽一点,益美布店是让人放心的店。也有的说,汪家出的官员,不贪、不霸,有时还捐出钱财来帮助百姓,是清正廉洁的好官家。

汪生的事迹被后人流传称道。他也是徽商的典范之一。

徽州绸庄

徽州药商的营销文化

随着徽商经营外出，徽州商帮影响力逐渐扩大，医家也侨寓经营地，从事医疗活动。新安医学在以地区命名的中医学派中，堪称首富。迈向"首富"和"名医"这一称号的，是一条充满了经营竞争和创新思维的道路。

新安最早经营药材的药店是陆氏保和堂，它也是经营时间最长的一家药店。历史悠久、声誉良好是陆氏保和堂立足新安最有力的帮手，先世名医自唐宋不乏名流，如宋代陆安国、元代陆文龙等名传大江南北，到了陆彦功这一代名声最盛。

拥有标志性的品牌产品，是保和堂站稳脚跟的支柱。做药材生意者，独特的秘方就是竞争最有利的法宝，如万历年间祁门较大规模的"徐保元堂"药店的三十六种秘方，就是其家族世代行医总结的看家本领。陆氏家族所制的保和堂丸同样是陆氏数辈人的心血结晶，在宋代就已经盛行各省，虽然朝代几经易主，但保和堂始终享誉全国，历久不衰。

陆氏家族有一些临证经验丰富的医家，如省吾先生，他游医几遍天下，江浙闽广等地无处不至，救人全活者不可胜数。他们为保和堂配制丸散提供了有一定疗效的药方，所以保和堂的药丸，不是一个人两个人的心思,三年五年就能制造出来的,而是诸多医家多年精心研制而成。这是它战胜其他医家药品的重要法宝。

陆氏家族药商与医家一体,医商人才辈出,这是陆氏能够将保和堂发扬光大的前提。陆氏不仅将医药当作治病救人的医者善事,更是将其作为家族生意长期经营,医术、商技均延传子嗣。在经营推广成药时,陆氏别出心裁地采用"按图索骥"和"薄利多销"的方法。在药品出售时,陆氏考虑到很多患者对使用说明不了解,因此专门配有药物手册(类似现在的药物说明书),深得民心。患者有疾病时,可"按图索骥",以医荐药。在经营定价时,陆氏讲究取远利,不索病家之财,不随市价行情而更改药价,宁可薄利,也不会高价出售。陆氏在经营中,将"医""善"放在首位。每一代行医者在治病开药时,都会遇到穷困家人,有时穷人所患疾病又尤为疑难少见。遇到这种情况,陆氏通常会更加认真诊断,开方拿药更为仔细,对家境困难者更是分文不取。徽州多水灾疫情,每当此时,其他地区的商家常常趁机抬高药品价格,囤积居奇,但保和堂始终如一,任何情况下都不会随意涨价。保和堂的药丸价低物真,挽救了很多人的性命,更博得了民心。

名医名著是保和堂兴盛的根基。保和堂到了陆彦功这一代最为昌盛,正是因为陆彦功成为宫中名人,《伤寒类证便览》成为当时的名著。

陆彦功习医后,诸科杂证,罔不究心,治病不拘成方,远近就诊者,门庭若市,并著有《伤寒类证便览》十卷,附《药方》一卷。该书原本由其父陆晓山根据黄仲理《伤寒类证》初编成册,因故没有完成。陆彦功自幼研读书稿,成名后仍然临证抽时间学习,后来参阅黄仲理之说、吴蒙斋《伤寒赋》、朱肱《活人书》、陈良辅《胎产药方》、曾世荣《小儿伤寒药方》以及李东垣《此事难知》中的药方,对先父遗稿中的缺疑之处,附汇众说,增补经验药方而成。陆彦功因游历天下,医技精湛,于明代成化年间被召入京,官太医院,治愈中宫之疾,大显国手之功,医名日著。后因母亲过世,陆彦功辞官归故里服丧。弘治年间,宫中再召之,但陆彦功因年老不能赴宫中。伴随着陆彦功的两次被召入宫和《伤寒类证便览》出名,保和堂的生意也越来越好。

名公巨卿宣传是保和堂声明远传的"活广告"和"保护伞"。保和堂在宋朝已盛行各省,而当时一些文人多为之序记文章以传后世。在陆彦功两膺征辟,入宫行医,保和堂丸散复大行冀北时,名公巨卿又作《保和堂记》,以传播其各种行医善事。自唐宣公迭传至宋绍圣进士暴彦公、翰林学士荣公、翰林安国公、宣义郎师夒公、太府枢密应发公、丙辰进士梦发公父子祖孙相继缵述,从中可见继承传述者都不是普通人,而是朝中权贵和文人学士。这些名公巨卿作记宣传的方式,无论其初衷为何,最终都扩大了保和堂的名声,提高了保和堂的知名度。不仅如此,陆氏借助给达官贵人医治的机会,结交了很多官场中人。明代,虽然医者地位较高,但商人在政治上还是毫无地位可言,若无政治上的保护,陆氏的保和堂仅作为医馆立足,很难成为一门家族生意长期发展下去。陆氏和官场权贵的互济交往,很大程度上为陆氏的生意打开了绿灯,撑起了一把强有力的保护伞。

保和堂亦医亦商,乐善好施,且别出心裁,创新经营方式,就这样,凭借着厚重积淀的中医学术和独特的经营方法,在徽州的医学史、经商史上留下了浓墨重彩的一笔。

胡庆余堂的管理文化

徽商雇佣的伙计一般名目繁多,但就管理层而言,一般分为代理人、副手、掌计、店伙或雇工四层,层层之间、相互之间都有一定的制约和监督关系。如休宁人汪太学在芜湖经商,商业红火,家里资财丰饶。但是令人敬佩的是,汪太学本人并不亲自参加经营,对于收入产出、财务账目都是由专人代理。而每年年终结账的时候,所有人都把账目详详细细地向他禀告,不敢有丝毫欺瞒。从这里我们可以推断,汪太学必然是建立了较严密而有效的组织和管理机制,从而使他的企业保持廉洁而高效。至于汪太学是如何组织和管理他的企业的,由于资料缺乏,具体情况我们还不太清楚。不过从他身上我们可以看出,不少徽商之所以能够在竞争中立于不败之地,与他们加强对商业集团内部的控制,建立严密的管理体制是密切相关的。明代文人钱泳说,商店、当铺……(经营好坏)也要看主人调度,调度得好,自然能够发大财,享大利;一旦调度不善,即使一天到晚地辛苦经营,也只是越做越穷而已。这便涉及组织和管理,许多成功徽商的经验在这方面也给予我们借鉴和启迪。

清中期红顶商人胡雪岩创办了"胡庆余堂"药号。为了提高药号的市场竞争力,他采取了一系列强化管理的措施。

其一，为了方便自己管理并让职工明确责任，他在药号内部设置了饮片、参燕、切药、丸散、采选、炮制、细货、储胶、细料、邮寄等十一个部门。每个部门均高薪聘请当时名医巧匠制作药品。

其二，为了保证质量并提高职工生产积极性，他设置了"阳俸""阴俸"补恤制度和年终发放"花红"奖励制度。"阳俸"就是针对那些曾给胡庆余堂药号作出贡献，但现已年老生病无法再维持工作的职工的，规定对此类职工照发原薪，一直维持到职工死亡为止。"阴俸"是针对已死亡的职工家属的，按已死亡职工的工龄长短发给补恤。如有十年工龄的职工死后，可发阴俸五年，每年按原薪一半发放。"花红"奖励制度是指每年正月初三，胡雪岩举办聚餐，然后根据一年来职工的贡献大小，分发"花红"（红利），以资奖励。此等制度的推行，不但提高了职工的劳动效率，也激发了职工的积极性和创造性，同时还提高了药号的整体竞争力。

其三，为加强管理，他高薪聘请药店经理。松江县余天成药号经理余修初是个精明能干的人，他管理业务素质强。胡雪岩早有耳闻，他不惜一切代价把余修初给聘请了过来，然后放手让他管理药号。余修初提出办店首先要创品牌，要使胡庆余堂药号真正成为名震天下的大药店，就要敢于抛血本，宁愿亏损不赢利，也要创下品牌再说。这些提法深合胡雪岩的心意，于是他吩咐余修初照办。果然不出几年，杭州胡庆余堂药号名震天下，几乎与北京老字号"同仁堂"相提并论。

其四，胡庆余堂药号不惜代价，四处网罗有一技之长的药工，并给予他们优厚的待遇，鼓励他们尽管发挥各自专长。药号花高价从竞争对手那里挖了一名切药工叫"石板刨"，并提拔他为大料房头目，给予优厚待遇。"石板刨"感激胡庆余堂药号对他的信任，拿出自己的看家本领，一心一意为胡庆余堂药号效劳。他的加入，使药号整个生产流程上了一个台阶。通过这一系列强化管理、提高企业实力的变革,胡庆余堂药号很快便战胜了对手,一跃成为全国数一数二的集药品生产、销售和医疗一体化的药号企业。

老药工"吊蜡壳",制作"人参再造丸"

徽州商帮是以血缘和地缘关系结成的商帮,他们的宗族思想和地域观念非常强烈,所以徽商所用之人,非同宗同族,即本村本里。这就使商业上的主从关系又加上宗族上的名分关系和地域上的同乡关系,从而使徽商企业内部具有极大的凝聚力。这种优势是其他商帮所不能比拟的。

在经营决策中,首先,宗法观念和乡族关系有利于确保经营者决策的权威性和上下策略的统一性,而这是商业经营有效进行的基本前提。如明代名士汪道昆的曾祖父经营盐业,同宗族的子弟十多人跟随他经营。经营上的一切决策规划,这些子弟都俯首听命于汪道昆曾祖父的决定。这就确保了经营策略的一致性,商业内部的凝聚力达到最佳状态。

其次,徽商对所选之人因材施用,充分发挥他们的能力。如胡庆余堂药号设置十一个部门,每个部门都是因材施用,使药号在市场竞争面前始终能保持最强的战斗力。

再次,徽商给予所用之人充分的信任,而且对他们"推心置腹,体恤无不周",主从之间形成一种亲和力,从而提高了他们的积极性和创造性,不断地推动经营活动的发展。胡庆余堂药号从选拔的经理到高薪聘请的专业药工,对他们都给予了充分的信任,极大地提高了他们生产和管理的积极性和主动性。

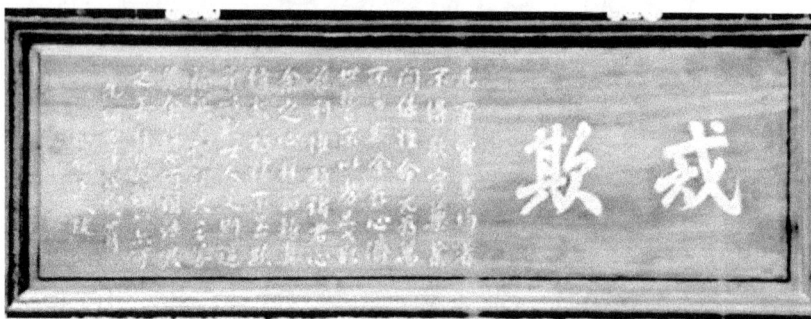

胡庆余堂"戒欺"匾

胡庆余堂"真不二价"匾

胡开文墨店产品创新

　　创新是商品生命力的延续，没有创新，商品很难在市场上长久地站稳脚跟。俗话说，"没有最好，只有更好"。为保持产品旺盛的生命力并提高其市场竞争力，只有不断地进行产品创新。下面我们来看看一代墨商胡开文是如何通过一步步创新而不断发展的。

　　"胡开文"墨店的创始人是清代绩溪人胡天注。胡天注出身于商贾世家，少年时曾在休宁县城汪启茂墨店当学徒，并娶了汪启茂的女儿为妻。乾隆三十年（1765），汪启茂在与同行的竞争中折了本，墨店难以为继。在这种情况下，24岁的胡天注继承了汪启茂的墨店。面临着严峻的竞争形式，胡天注大胆地进行了一系列革新。

　　首先，为了给顾客全新的感觉，胡开文把墨店改名为"胡开文"墨店。改店名可以说是胡天注着手创新的开始。随后，胡天注仔细分析了当前的竞争形势，决定对墨店的经营方法加以改革。他认为关键是要狠抓制墨质量，他花重金聘请能工巧匠制模做墨，努力创制名牌产品，打开市场销路。他还博采众长，开创出各种形式、档次的品种。此外，胡天注还派人分赴全国各地，替"胡开文"墨品广为宣传，并在交通便利之处开设分店，可谓"声誉满天下，墨店遍国中"，"胡开文"墨店生意红火了。

　　然而,正当"胡开文"墨店走上发展之路时,胡天注却一病不起,不久便逝世了。这无疑是对墨店的一个重大打击。胡天注去世前,曾命其次子胡余德执掌墨店。胡余德此时已有48岁,他长年跟随父亲经营墨业,对制墨、管理、销售等情况极其熟悉,也积累了许多经验。

　　胡余德受其父亲影响,视质量为墨品生命。他认为,只有高质量的墨品才能在市场上站稳脚跟,而且要在竞争中发展,也只有不断提高墨品的质量。除了在墨品制作上不断狠抓质量外,他还追求墨品形式上的新颖,使墨品不仅有实用价值,而且又具有艺术欣赏价值。为此,他花重金聘请制墨名师良匠,精心制作墨模,并且大胆创新,制造出集锦墨。这些集锦墨成为当时"胡开文"墨品中的拳头产品,投放市场后,深受人们的喜爱,即使人们不是为了书写,也往往购买回去,作为一种绝妙的艺术品放在家中当欣赏品。"胡开文"墨店就这样在第二代人手里更加蒸蒸日上。

　　"胡开文"墨店在随后传人的悉心照管下,越来越走向辉煌。到了第四代人胡贞观手里,"胡开文"墨店迎来了再一次发展的时期。胡贞观更加善于经营,他的大胆开拓创新是"胡开文"墨店获得再次发展的主要原因。

　　首先,他精挑细选人才,然后放手用人。不过他放手用人,并不等于撒手不管,相反,他把墨品质量始终放在第一位。只要不外出,他几乎天天到作坊里视察,一旦发现问题,当即处理,并且追究责任人。因此,在他的管理下,墨品质量一直保持上乘。

　　其次,他善于扩大影响。胡贞观利用自己商儒并兼的身份(他是咸丰时恩科举人),广泛同上流社会接触,与文人墨客、宿学名儒、达官显贵关系密切。在他的影响下,不少名人纷纷前来定制墨品。胡贞观非常重视这些业务,每次都精心监制墨品。这些人拿到精制的质量上乘的墨品后，又在各种场合广为宣传，使得"胡开文"墨店的影响越来越大。

经过胡贞观的不懈努力，"胡开文"墨店的生产规模不断扩大，资产达20万银元，在当时的徽墨同行中，一直独占鳌头。这标志着"胡开文"墨业进入了辉煌时期。

清朝末年到民国期间，国内局势动荡不安，尤其是外国自来水笔逐渐进入中国市场，国内墨业遭受重大打击，再加上战争不断，"胡开文"墨业遇到空前困难。不过在胡氏传人的精明强干下，"胡开文"墨业依然获得了一定的发展。胡氏墨业在第五代传人胡祥禾的管理下，在保证质量的同时，依旧继承了大胆创新的传统。当时徽州著名墨模雕刻家王绥之、著名墨工曹观禄等人为其效力，他们精心制作的"圆明园""黄山图""西湖十景图""十二生肖"墨及荣获1915年巴拿马万国博览会金质奖章的"地球墨"等为"胡开文"墨业赢得了声誉，使"胡开文"墨品畅销海内外。

徽墨制作场景铜雕（芜湖徽商博物馆陈列品）

以上"胡开文"墨业大搞产品创新以保持产品生命力、竞争力乃至于使产品走向世界的事例，说明要想商品在市场上站稳脚跟，光保证产品质量还不行。当产品的技术已经或将要被别人掌握时，我们就要积极创新,进行产品的更新换代,以质量更硬,性能更优,实用更全来独步市场。创新是产品的生命力,只有产品保持了旺盛的生命力,经营才有生命力,才有竞争力。没有创新,生产者、经营者都只能坐以待毙。

蒙冤徽商智断无头案

明代有一个富商,外出经商之前,在老家通过媒人介绍娶了一位妻子。妻子是一位通情达理的妇人,两个人生活得很幸福,不久之后,便有了孩子。为了养家糊口,有一日,丈夫对妻子说:"为妻儿老母一家大小生活得更加安康,我想和同乡的几个兄弟出外谋生。"妻子听后,面露不舍,但心想大丈夫志在四方,便默默点头同意了。

几日之后,丈夫打点好家事,整点好行装便和同乡一起上路了,留下了妻子在家中看守门户,奉敬高堂,抚养儿女,料理家务。

丈夫在外经商有道,几年之后便成了当地有名的富商。富商因原配妻子长年不在身边,孤独难耐,经不住诱惑便去了当地有名的花街青楼。富商时常光临青楼,在青楼里寻欢作乐,得以慰藉。但是他心里也知道这样不是长久之计,更何况久而久之恐会染上病,所以心想还是应该纳一小妾陪伴身边,伺候自己,顺便料理家务。富商此时已年至中年。年轻的他不想娶,因为自己毕竟年事已高,怕抵挡不了年轻人的迷惑;年纪大的他也不想要,因为他觉得这样的人太世故,他怕丢了钱还没面子。于是他便开始留意一些市井之民的女儿或妻子。经过比较,富商看上了一位小户姓陈人家还没有生育过的年轻妻子,就想把她娶来做自己的侍妾,伺候自己,图个快活。

有一日，富商邀约了这位丈夫陈勇到酒楼喝茶聊天。酒酣之际，富商说出了自己的这一想法，并表示愿意花重金买他的妻子。陈勇向来贪图钱财，听后竟面不改色，反倒和富商谋划着如何将妻子转嫁给他。

回家后，陈勇将自己的想法告诉了妻子。妻子听后又愤怒又伤心，说道："没想到我们多年的夫妻，你竟然如此心狠，不念夫妻情分，而要将我卖给一位年事已高之人。这般还不如让我去死。"妻子边说边掩面哭泣。丈夫看到妻子这般，有点不忍，但想想即将到手的钱财，又邪念四起，说："那个富商年纪大了，活不了多少年了，把你嫁过去，你也伺候不了他多少时日。你在那里做妾的时候想办法多弄些钱，等他死了，你再回来，我重新高抬软轿地娶你进门。我们还不是一家人吗？到那时，我们既有钱，又能舒服地生活，这多好呀！"妻子听后，还是不停地哭泣，甚至跪在丈夫面前，求他不要变卖自己："我嫁给你，只求安安稳稳地过日子，不需要高床软枕荣华富贵。多年的夫妻情分，难道竟比不过黄金吗？"陈勇听后，一甩手道："你根本不懂我的长久之计，用心良苦，你自己好好平静平静，此事已定！"

第二日，陈勇就去了富商的府邸，告知富商自己的妻子已经同意，他说："贱内也觉得与其和我过苦日子，不如投靠您。我已布好宴席，等候贵人您今晚造访，安排您和贱内共进晚餐。"富商听后很开心，立马吩咐手下拿了些银两赠予陈勇。陈勇拿到银两后心里偷笑着离开了。

当日下午，陈勇为了让妻子愿意陪富商吃饭，就想出了一个妙计。他骗妻子说自己已经放弃了让她改嫁的念头，今晚之宴乃是他反悔赔罪之宴。妻子听后，觉得丈夫良心发现终于悔过了，备受感动,不禁喜极而泣。陈勇帮妻子拭干泪水,陪妻子精心梳妆打扮。晚上,陈勇备了一桌丰盛的酒菜,准备请富商来家里与自己的妻子饮酒交谈,引诱妻子上当。他自己则准备借故躲出去,让妻子独自招待富商。

当天晚上,陈勇与妻子坐在席间,等候富商的到来。等了很久也不见富商来,陈勇心急,就出了厅堂站在家门口等待。不料富商因为生意上账务来往问题,耽误些时辰,来得稍迟了些。富商急匆匆地赶来,在门口撞见陈勇。陈勇小声地对富商说:"我妻子就在屋内等您呢,今晚就交给你们了,我出外走走。"说完就快步跑走了。富商听后顿时心花怒放,得意洋洋地进了家门。可当他推开门,烛光中,却发现他平日喜欢的这个年轻女人竟然不知被什么人杀死了,倒在血泊中,连人头都没有了。富商顿时打了个冷战,愣了一会儿后,吓得拔腿就跑,嘴里嘟嘟哝哝地嚷道"碰到死鬼了,碰到死鬼了,真吓人啊!"

半夜,陈勇看时辰差不多了,于是往家走,心想那个富商与自己的妻子要么在床上翻云覆雨,要么就还在喝酒谈天,自己这么一回去正好抓个正着,演出好戏,再敲这富商一大笔银子。不料他一脚踩进家门,却看见自己的妻子倒在血泊之中,衣衫不整,连人头都不见了。丈夫怒火中烧,悲从中来,心想一定是自己的妻子不愿意,富商强奸未遂,一怒之下把她杀了,还将人头带走了。好坏的商人啊,占了人家的女人,还将其杀死,陈勇顿时后悔莫及。

第二日,天刚蒙蒙亮,陈勇就赶到了官府击鼓告状。衙役将其带入厅堂,官大人问道所为何事。陈勇即说那个富商来家中做客,不料却趁其不在家,欲强奸他的妻子,妻子不从,富商强奸不成,就把她杀害了,现在妻子的尸体还在家中,只是妻子的头被残忍地砍下,不知道在何处。官大人听后,立即派衙役把那个富商抓来,并将陈勇妻子的尸体运来衙门，当即审案。

富商被衙役押到厅堂，如实招供："我确实喜欢这个女人，她不仅人长得好，心地很善良，手脚也勤快，很会为妇之道，而且没有孩子，没有拖累。所以我心想着和陈勇交涉，给他些银子，把他的妻子娶过来，放在我身边，做我的后室。陈勇当时一口同意了。之后，陈勇跟我说他妻子也默默同意了。而且就算他妻子不愿意，我可以慢慢想办法，为何要跑到他家里去把她杀掉呢？何况还将她杀死在酒席上，甚至把她的头割掉？这样得不偿失、冒险的事，我一个富商为什么要这么做？"

官大人听富商讲得确实在理，而且也没有确凿证据证明是富商所为，于是就派衙役先把富商关押在牢里，并派人调查这个案子。

当日这桩案子就在城里传开了，城东的一个老人听后向衙门反映道："我们这一带有个和尚庙，每晚和尚庙里都固定有一个和尚打更叫夜。在出事的第二天夜里，我就没听到那个和尚叫夜了，不知什么原因，这事儿有点蹊跷……"又有一个老人说："是呀，我每夜到祠堂里守夜，经常遇见这个和尚，可是昨晚我也没看见他。不如寻他来问问，或许他知道点什么。"

富商的家人听说后，为了帮助破案，就雇请他人去查访那个打更的和尚。到了和尚庙，和尚却不在，这越发让人感到可疑。于是富商的家人派人四处查访，结果在宁国府的一个和尚庙里发现了他。富商的家人去牢狱中告诉富商，富商立马向官府申诉，说他要到宁国府去抓那个和尚。官府起先并不同意，怕他趁机逃跑了。富商说："跑了和尚跑不了庙呀。"于是他拿出三千两银子作抵押，官府这才让他同衙役一同去抓那和尚。

到了宁国府，富商想了一个妙计。他命自己的一个丫鬟穿上那个被杀害的女人的衣服，和其他人一起躲藏在和尚每日必经的一个树林里。当晚月黑风高,那个和尚在外吃饱喝足后,路过这个树林。穿着被杀害的女人衣服的丫鬟看见和尚来了,就走出树林,模仿那个被杀害的女人的声音,尖声尖气地喊道:"和尚,我死得好惨啊,还我头来!"

和尚突然听到女人的尖叫声,抬头定睛一看,这不是那家女人吗,吓得脱口说道:"不要来找我,不要来找我!你的头在你家左边第三户邻居家的铺架上!"

事先埋伏在附近的狱卒听到后,立马跳出树林,一拥而上,把和尚捆绑了起来。这时,这个和尚才知道自己落入陷阱了。他知道自己已经受到惊吓说漏了嘴,于是只好老实跟富商和衙役交代:"这事确实是我做的。那天夜里,我沿街叫夜,走到一户人家,看见那户人家的门半掩着。心想,这户人家可能忘记关门了,于是我就想进去偷点东西。进到屋里,我看见一个打扮得很漂亮的女人,坐在一桌酒菜边啼哭,哭声里好像埋怨着什么,可怜兮兮的。我心想,这么一个漂亮的姑娘怎能如此凄惨地一个人哭哭啼啼呢,莫非是在等她的心上人。心上人不来,不如我来安慰安慰她。于是我就闯进了屋里,并把门关上了。可是,这个女人不从,我再三动手动脚,她也不同意。我就骂她天下的男人不都是一样的吗?和尚也是男人呀!你看不起和尚,我宰了你!所以我一怒之下就抽出戒刀,把那个女人杀了,还割下她的头,提到了左边第三户人家的铺架上。"

第二日,衙役和富商就把和尚带回衙门。官大人听了报告,又再次审问了和尚,和尚的招供与之前一样。于是,官府便把女人左边第三户人家的主人带来问话。第三户人家的主人说:"确实有这么回事。我们怕招灾惹祸,就把这个女人的头连夜移挂到邻居家门口的树上去了。"

官府又按照口供,将其邻居家的主人抓了来。这户人家的主人说："我早上起来开门后，发现我家门口的树上有个女人的头，顿时吓得失魂落魄。我害怕这杀人的祸事迁到头上来，所以就悄悄地把这个女人的头埋在我屋后的菜园里了。"

官府听后便立即派差吏到那户人家的菜园去挖，果然挖出了一个人头，可却是一个男人的头。差吏再向东西两边开挖，那个女人的头才被挖出来——没料到竟查出了一个案中案。官府审问道："那个男人的头是从哪里弄来的，是不是你杀的人？"

这户人家的男人低头承认道："是的，是我所为。十年前，这个男人经常趁我不备来我家中调戏我妻子，和我妻子眉来眼去。有一日，我干完活提早回到家，他俩正在房间里卿卿我我，被我逮个正着。我怒火中烧和他打了起来，一气之下，就把他杀了。尸体被我斫碎丢到河里喂鱼了，人头埋在了我家后院，想借此警告我的妻子不要和别人通奸！"

杀人者是要偿命的，官府于是将和尚和那个杀了人的人一并处死了。这个富商花了大把银子，也没有得到他想要得到的那个女人。他的脸面也在当地丢尽了，没有脸再坐在店里经商赚钱，只好把店务交给儿子，自己收拾行李躲回老家养老去了。而那个贪图钱财的陈勇，既害死了自己的妻子，也没有得到什么银子，最后是孤家寡人一个。不论他走到那里，男的女的，老的少的，都在他背后骂他。几年后，陈勇饿死在一个破庙里，被一个好心的老和尚收尸埋在了破庙后。

这个富商成了徽商中的反例，他虽经商有道，却心怀不轨，遭到后人的唾弃与讽刺。